तेरा बयान ग़ालिब

तेरा बयान ग़ालिब

सलीम आरिफ़

वाणी प्रकाशन

वाणी प्रकाशन
4695, 21-ए, दरियागंज, नयी दिल्ली 110 002

शाखा

अशोक राजपथ, पटना 800 004

फ़ोनः +91 11 23273167 फ़ैक्सः +91 11 23275710

www.vaniprakashan.in
vaniprakashan@gmail.com
sales@vaniprakashan.in

TERA BAYAN GHALIB
Scripted by Salim Arif
Transliteration by Satender Kumar

ISBN : 978-93-5229-482-4
Letters/Ghazal

प्रथम संस्करण

e-mail : salamsalim@gmail.com
Mo. : 09323658370

यश प्रिंटोग्राफिक्स, नोएडा-201 301 (उ.प्र.) में मुद्रित

वाणी प्रकाशन का लोगो मक़बूल फ़िदा हुसेन की कूची से

गुलज़ार साहब

जगजीत सिंह

नसीरूद्दीन शाह

मनमोहन सिंह

नरिन्दर सिंह

नितीश रॉय

को...

जिन्होंने 'मिर्ज़ा ग़ालिब' धारावाहिक में

असदउल्लाह ख़ाँ ग़ालिब

और उनके काल को जीवन्त किया...

'ग़ालिबनामा' में पत्र पढ़ते हुए सलीम आरिफ़।

भूमिका

मिर्ज़ा ग़ालिब से मेरा तआर्रुफ़/परिचय बचपन से रहा है। लखनऊ में होश सँभाला तो उनका कहा कुछ ना कुछ कान में पड़ जाता था। घर में अक्सर उनका कोई शे'र कभी अपने पिताजी से, या माँ से, या कभी किसी मेहमान के मुँह से सुनते रहते थे। हमारे घर में दीवान-ए-ग़ालिब की दो-तीन किताबें थीं, जिन्हें कभी-कभी पढ़ लेते थे। वह हमारे बीच होते हुए भी हमारे सामने नहीं थे, फिर उनसे पूरा परिचय हुआ कॉलेज में। जब अक्सर शेक्सपियर या किसी दूसरे अंग्रेज़ी शायर को समझाते हुए हमारे प्रोफ़ेसर राज बिसरिया साहब ग़ालिब का कोई मिस्रा प्रस्तुत कर देते थे। इसी तरह उनका कोई-न-कोई शे'र या लतीफ़ा हमे सुनने को मिल जाता।

अस्तित्ववाद को भी 'क़ैद-ए-हयात' के सहारे समझना या 'नींद क्यों रात भर नहीं आती' या फिर 'हज़ारों ख़्वाहिशें ऐसी' जैसे मिस्रों ने मुझे ग़ालिब की तरफ़ खींचा। फिर दिल-ए-नादाँ वाली उम्र आयी और इश्क़ ने निकम्मा कर दिया। मगर ग़ालिब वहाँ भी काम आते रहे। उनके शे'र अक्सर नाजुक और मुश्किल मौक़ों पर काम आ जाते। मिर्ज़ा ग़ालिब की महानता उनके हर आने वाली नस्ल और समय के समकालीन और सम-समयक बन जाने में है।

राष्ट्रीय नाट्य विद्यालय, नयी दिल्ली में प्रशिक्षण के दौरान भी ग़ालिब से लगातार रिश्ता बना रहा।

बम्बई आया ही था कि अरुण कौल साहब ने आकर मुलाक़ात की और मुझसे और नितीश रॉय (कला निर्देशक) को कहा कि गुलज़ार साहब मिलना चाहते हैं, ग़ालिब पर धारावाहिक बना रहे हैं। उस समय मैं श्याम बेनेगल की 'भारत एक खोज' की रिसर्च और वेशभूषा की तैयारी में लगा था। गुलज़ार साहब से मिला और उन्होंने बड़े प्यार और एहतराम से हम दोनों को 'मिर्ज़ा ग़ालिब' धारावाहिक में शामिल होने की पेशकश की। उसकी वेशभूषा की तैयारी करते हुए ग़ालिब और उनके समय को और क़रीब से

जानने का मौक़ा मिला। उस दौरान उनके ख़तों का ज़िक्र होता रहता था। गुलज़ार साहब ने बहुत से दृश्य और किरदार उन ख़तों के हवाले से धारावाहिक में इस्तेमाल किये थे। मेरे ससुर जाने-माने लेखक जावेद सिद्दीक़ी साहब और शमा ज़ैदी भी उन ख़तों का ज़िक्र अक्सर करती रहती थीं। मैंने उन ख़तों को ढूँढ़ कर पढ़ा। पहले मलिक राम साहब और बाद में ख़लीक़ अंजुम साहब के तैयार किये हुए सम्पादन में, 'मिर्ज़ा ग़ालिब' के मुख़्तलिफ ख़तों के बहुत से अलग-अलग हिस्सों को जोड़ कर मैंने उन्हें एक मौज़ूँ और थीम के हिसाब से जोड़ा। फिर उस ख़त के कथ्य के हिसाब से ग़ज़ल चुन कर उन्हें एक कड़ी में पिरोकर एक स्क्रिप्ट बनायी। 2002 में ग़ालिब के ख़तों पर आधारित एक स्टेज शो करने की सोची, जो नाटक न होते हुए भी नाट्कीय हो। ये पहली बार होने जा रहा था कि ग़ालिब के ख़त रंगमंच पर पढ़े जा रहे थे। जावेद सिद्दीक़ी साहब ने उसे 'ग़ालिबनामा' का नाम दिया। मैं उस स्टेज शो में ग़ालिब के ख़त के हिस्से पढ़ता था और जसविन्दर सिंह उनकी ग़ज़लें गाते थे, जिन्हें कुलदीप सिंह साहब ने संगीतबद्ध किया था। ये शो बहुत क़ामयाब रहा और हिन्दुस्तान के बहुत से शहरों में हुआ। और उसके बाद न्यूयॉर्क में Alice Tully हॉल में 2004 में भी भारतीय विद्या भवन ने इसे पेश किया। उर्दू और हिन्दी रंगमंच पर ये अपनी तरह का बिल्कुल नया तजुर्बा था। इसके बाद तो 'ग़ालिबनामा' की तर्ज़ पर फ़ैज़, अमीर ख़ुसरो, क़ैफ़ी आज़मी और दूसरे शायरों पर स्टेज शो होने लगे। मौलाना आज़ाद, टैगोर, महात्मा गाँधी और दूसरी मशहूर शख़्सियतों के ख़तों को विषय बनाकर नाटक होने लगे। उर्दू शायरों को रंगमंच पर 'ग़ालिबनामा' के बाद उसी अन्दाज़ में पेश करने का एक नया सिलसिला चल पड़ा जो बहुत अच्छी बात है।

अपने सत्तरवें साल में जगजीत सिंह साहब, 'मिर्ज़ा ग़ालिब' की कुछ नयी ग़ज़लें रिकॉर्ड करना चाह रहे थे। और उन्होंने मुझे बुलाकर उसमें शामिल होने की दावत दी। वो चाहते थे कि ग़ालिब को पेश करने का कुछ नया तरीक़ा सोचा जाये। 'ग़ालिबनामा' के बारे में उन्होंने बहुत सुन रखा था, मगर देख नहीं पाये थे। हम लोग ग़ज़लें चुन रहे थे और रिकॉर्डिंग की तैयारी हो रही थी, कि जगजीत भाई अचानक हमसे जुदा हुए और ग़ज़ल गायकी की दुनिया में बहुत बड़ी ख़ला छोड़ गये। उनका अधूरा सपना अधूरा रहा इसका अफ़सोस ज़िन्दगी भर रहेगा और ये ख़याल भी कि ग़ालिब की बहुत-सी और ग़ज़लें उनकी आवाज़ और धुनों में लोगों तक नहीं पहुँच पायीं।

तब ये ख़याल आया कि इससे अच्छी श्रद्धांजलि क्या होगी कि उनकी गायी ग़ज़लों को ख़तों के साथ पेश किया जाये। गुलज़ार साहब को भी जगजीत भाई के साथ प्रोजेक्ट में शामिल होना था, मैंने उन्हीं से गुज़ारिश की कि वो ग़ालिब के ख़त अपनी आवाज़ में रिकॉर्ड कर दें और इस तरह दुनिया की दो बेहतरीन आवाज़ें एक साथ ग़ालिब की आवाज़ बन कर ग़ालिब के कलाम और उनके ख़तों को पेश कर सकीं। इसे राजेश कुमार सिंह ने बहुत प्यार से अपने स्टूडियो में रिकॉर्ड किया। सा...रे...गा...मा ने सीडी की शक्ल में जो पेश किया, गुलज़ार साहब ने उसे 'तेरा बयान ग़ालिब' का नाम दिया।

अरुण माहेश्वरी जी ने जब ग़ालिब के ख़तों पर किताब छापने की पेशकश की तो लगा कि इसका किताबी रूप भी शायद ग़ालिब के चाहने वालों को पसन्द आये। मैं सतेन्द्र कुमार साहब का शुक्रगुज़ार हूँ, जिन्होंने इसको देवनागरी में डिजिटलाईज़्ड करने में मदद की और अपना कीमती समय देकर इसे किताब की शक्ल तक पहुँचाया।

'मिर्ज़ा ग़ालिब' की 147वीं बरसी के मौक़े पर इसे किताब के रूप में देख कर जगजीत सिंह भाई की कमी बहुत बुरी तरह से महसूस हो रही है। ग़ालिब की शायरी पर अपनी आवाज़ की इतनी गहरी छाप आज तक किसी ने नहीं छोड़ी। गुलज़ार साहब ने 'मिर्ज़ा ग़ालिब' धारावाहिक बनाते हुए उस समय के सबसे समृद्ध कलाकारों को जोड़ा था। जगजीत सिंह, नसीरूद्दीन शाह, मनमोहन सिंह (छाया चित्रकार), नरिन्दर सिंह (ध्वनि संयोजन), नितीश रॉय (कला निर्देशक) ने मिलकर उस काल और उस समय को इस तरह से पेश किया था कि आज 30 साल बाद भी उसकी छाप लोगों के मन में गहरी बैठी हुई है। श्रीमती तन्वी आज़मी ने बेगम उमराव और नीना गुप्ता ने डोमनी के किरदारों को बड़ी ख़ूबसूरती से पेश किया। ये अनायास नहीं है कि नसीरूद्दीन शाह ग़ालिब का चेहरा और जगजीत सिंह उनकी आवाज़ आज तक बने हुए हैं। गुलज़ार साहब की रहबरी में 'मिर्ज़ा ग़ालिब' धारावाहिक ने ग़ालिब को घर-घर तक पहुँचाया और उन्हें कई सौ साल की नयी ज़िन्दगी दी है। 'तेरा बयान ग़ालिब' की यह किताब उस धारावाहिक के बा-कमाल कलाकारों को समर्पित है।

1 फ़रवरी, 2016 **सलीम आरिफ़**

सलीम
आरिफ़

गुलज़ार
साहब

5
5
5
6
6
13

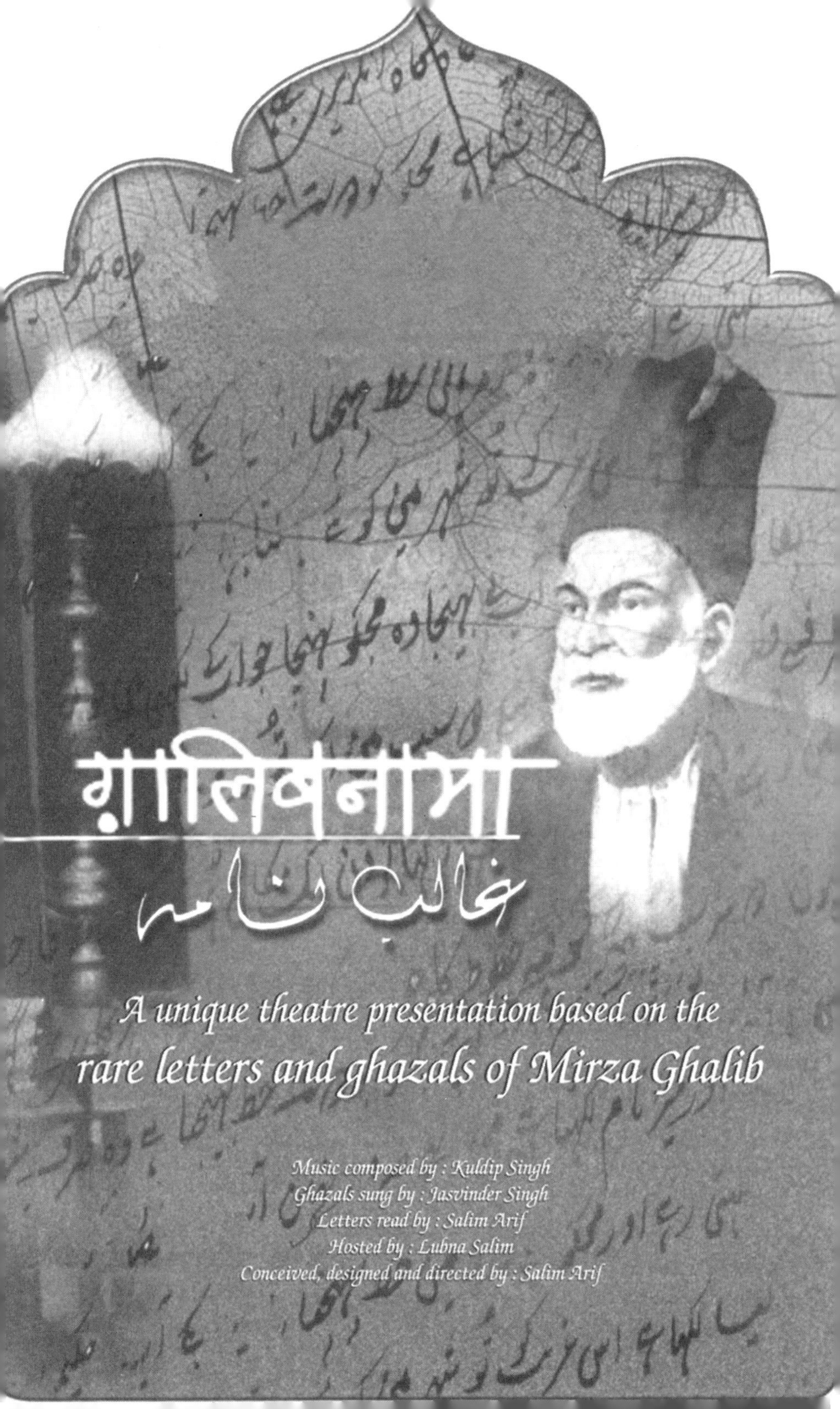
ग़ालिबनामा
غالب نامہ
A unique theatre presentation based on the
rare letters and ghazals of Mirza Ghalib
Music composed by : Kuldip Singh
Ghazals sung by : Jasvinder Singh
Letters read by : Salim Arif
Hosted by : Lubna Salim
Conceived, designed and directed by : Salim Arif

(एक आवाज़ उभरती है)

नक़्श[1] फ़रियादी है किसकी शोख़ी-ए-तहरीर[2] का
काग़जी है पैरहन, हर पैकरे-तस्वीर का[3]

कावकाव[4] सख़्तजानी-हाए-तन्हाई[5] न पूछ
सुब्ह करना शाम का, लाना है जू-ए-शीर[6] का

जज़्ब-ए-बेइख़्तियारे-शौक़[7] देखा चाहिए
सीना-ए-शमशीर[8] से बाहर है दम[9] शमशीर का

आगही,[10] दामे-शनीदन[11] जिस क़दर चाहे बिछाए
मुद्दआ[12] अन्क़ा[13] है अपने आलमे-तक़रीर[14] का

बस कि हूँ 'ग़ालिब' असीरी में भी आतिश-ज़ेरे-पा[15]
मू-ए-आतिश-दीदा[16] है, हल्क़ा[17] मिरी ज़ंजीर का

1. निशान 2. लिखावट की ख़ूबसूरती 3. चित्र रूपी शरीर का, 4. परिश्रम, 5. एकान्त क्षणों में वियोग की कठिनाई, 6. दूध की नहर, 7, प्रेम का अतिशय भाव, 8. तलवार के सीने से, 9. धार, प्राण, 10. ज्ञान, चेतना, 11. श्रवण-जाल, 12. अभिप्राय, अभीष्ट, 13. एक काल्पनिक पक्षी का नाम, 14. भाषण, 15. पाँव तले आग, 16. आग को प्राप्त हुआ बाल जो जल्द जलकर मुड़ जाता है, 17. कड़ी, घेरा।

(कुछ और आवाज़ें उभरती हैं)

मेहरबाँ हो के बुला लो मुझे चाहो जिस वक़्त
मैं गया वक़्त नहीं हूँ कि फिर आ भी न सकूँ

पूछते हैं वो कि ग़ालिब कौन है
कोई बतलाओ कि हम बतलायें क्या

होगा कोई ऐसा भी कि ग़ालिब को न जाने
शायर तो वो अच्छा है पर बदनाम बहुत है

ग़ालिब बुरा न मान जो वाइज़ बुरा कहे
ऐसा भी कोई है कि सब अच्छा कहें जिसे

मिर्ज़ा गालिब–

मिर्ज़ा साहब, बरसों से ख़ुतूत[1] फ़ारसी में लिखने छोड़ दिये, मैंने वो अन्दाज़े-तहरीर[2] इजाद किया है के मुरासले[3] को मुकालमा[4] बना दिया है। हज़ार कोस से ब-ज़बान-ए-क़लम बातें किया करो। हिज्र[5] में विसाल[6] के मज़े लिया करो। ये हम-तुम और मिर्ज़ा तफ़्ता में मुरासलत ओ मुकालमत हो गयी है, रोज़ बातें करते हैं। अल्लाह-अल्लाह...ये दिन भी याद रहेगें, ख़त से ख़त लिखे गये हैं। मुझको अक्सर औक़ात[7] लिफ़ाफ़े बनाने में गुज़रते हैं। अगर ख़त न लिखूँगा तो लिफ़ाफ़े बनाऊँगा। ग़नीमत है कि मेहसूल[8] आधाआना है वरना बातें बनाने का मज़ा मालूम होता। ये मैं बातें कर रहा हूँ मगर अफ़सोस के इस गुफ़्तगू में वो लुत्फ़ नहीं जो मुकालमा-ए-ज़बानी में होता है यानी मैं ही बक रहा हूँ तुम कुछ नहीं कहते, वो बात कहाँ कि मेरी बात का तुम जवाब देते जाओ और तुम्हारी बात का मैं जवाब देता जाऊँ।

"मैं भी मुँह में ज़बान रखता हूँ
काश पूछो कि मुद्दआ क्या है"

कोठरी में बैठा हूँ हवा आ रही है, पानी का झज्झर धरा हुआ है, हुक़्क़ा पी रहा हूँ, ये ख़त लिख रहा हूँ। तुम से बातें करने को जी चाहा ये बातें कर लीं। मीर सरफ़राज़ हुसैन और मीरन साहब और मीर नसीरूद्दीन को ये ख़त पढ़ा देना और मेरी दुआ कह देना।

1. पत्र, 2. लिखने का तरीक़ा, 3. पत्र व्यवहार, 4. परस्पर बातचीत, 5. जुदाई, 6. मिलन, 7. समय, 8. प्राप्ति।

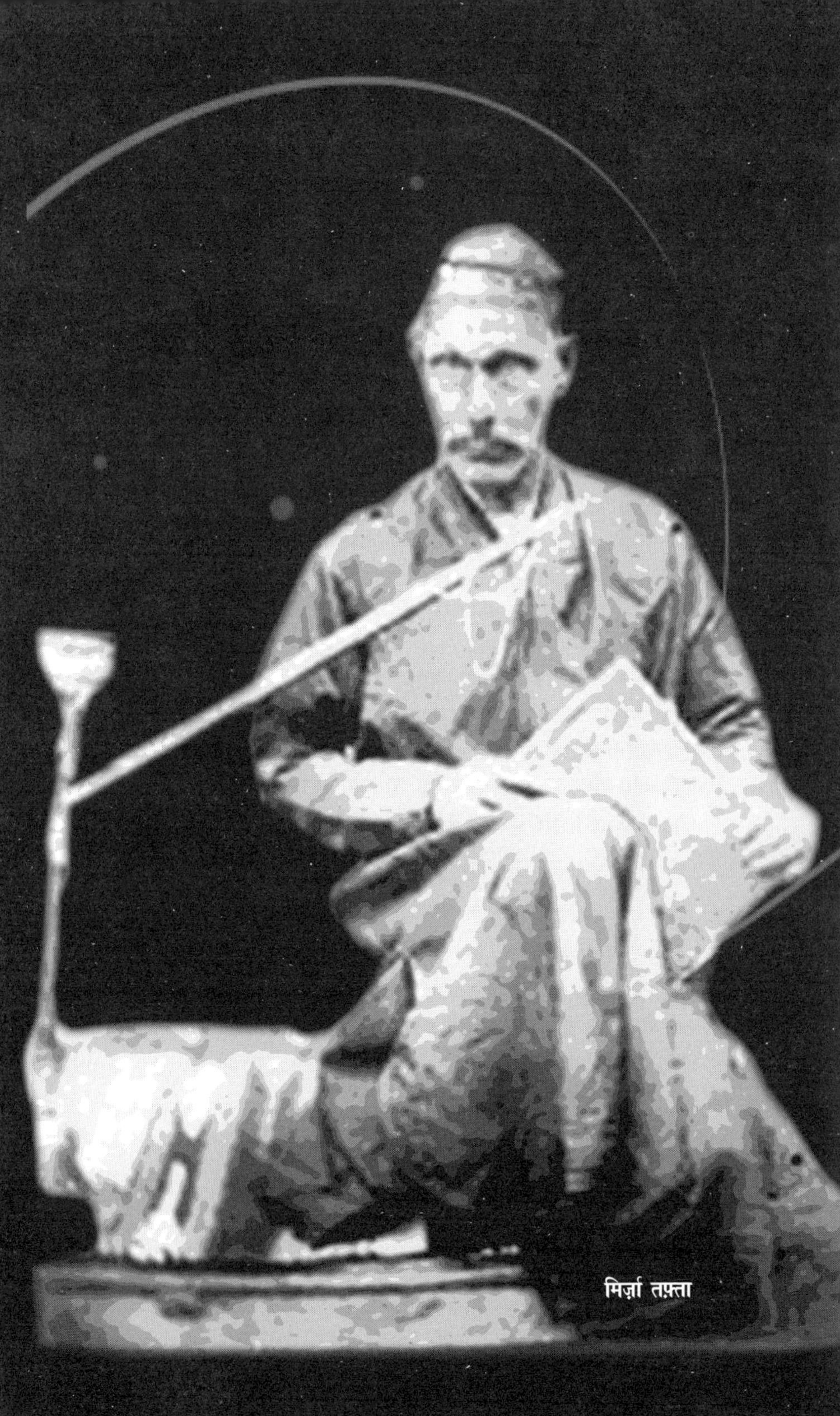

मिर्ज़ा तफ़्ता

(एक गाने वाले की आवाज़ उभरती है)

हर एक बात पे कहते हो तुम कि तू क्या है
तुम्हीं कहो कि ये अन्दाज़े-गुफ़्तगू क्या है

रगों में दौड़ते फिरने के हम नहीं क़ायल
जब आँख ही से न टपका तो फिर लहू क्या है

चिपक रहा है बदन पर लहू से पैरहन
हमारी जेब को अब हाजते-रफ़ू क्या है

जला है जिस्म जहाँ दिल भी जल गया होगा
कुरेदते हो जो अब राख जुस्तजू क्या है

रही ना ताक़ते गुफ़्तार और अगर हो भी
तो किस उम्मीद पर कहिये के आरज़ू क्या है

बना है शह का मुसाहिब[1] फिरे है इतराता
वगरना शहर में ग़ालिब की आबरू क्या है

1. विशेष कृपा पात्र।

मिर्ज़ा ग़ालिब–

ये सगे-दुनिया कि असद[1] कहलाता है, और तख़ल्लुस अपना ग़ालिब बताता है, और ख़ुद अहले-हिन्द का मग़्लूब[2] है। मैं क़ौम का तुर्क-सलजूक़ी हूँ। दादा मेरा शाह आलम के वक़्त में हिन्दुस्तान में आया। सल्तनत ज़ईफ़[3] हो गयी थी, सिर्फ़ पचास कोढ़े नक़्क़ारा निशान से शाह आलम का नौकर हुआ। बाद इन्तक़ाल उसके बाप मेरा अबदुल्ला बेग़ ख़ाँ बहादुर लखनऊ जाकर नवाब आसिफ़ उद्द-दाँला का नौकर रहा। बाद चन्द रोज़ हैदराबाद जाकर नवाब निज़ाम अली ख़ान का नौकर हुआ, कई बरस वहाँ रहा। वो नौकरियाँ ख़ाना-जंगी के बखेड़े मे जाती रही। वालिद ने घबरा के अलवर का क़श्द किया, राव राजा बख़्तावर सिंह का नौकर हुआ, वहाँ किसी लड़ाई में मारा गया, पाँच बरस का था जो बाप मर गया। नसरुल्लाह बेग ख़ाँ बहादुर मेरा चचा हक़ीक़ी मराठों की तरफ़ से अकबराबाद का सूबेदार था उसने मुझे पाला। आठ बरस का था, जब चचा मर गये। जब मैं जवान हुआ तो मैंने देखा मुन्शी बन्सीधर मेरे नाना साहब मरहूम ख़्वाजा ग़ुलाम हुसैन ख़ाँ साहब के साथ हैं, वकालत और मुख़्तारी करते हैं। मैं और वो हम उम्र थे शायद मुन्शी बन्सीधर मुझसे एक दो बरस बड़े हों या छोटे हों। उन्नीस बीस बरस की मेरी उम्र और ऐसी ही उम्र उनकी, बाहमे शतरंज और इख़्तलात[4] और मुहब्बत। आधी-आधी रात गुज़र जाती थी चूँकि घर उनका बहुत दूर न था इस वास्ते जब चाहते थे, चले जाते थे। हमारी बड़ी हवेली वो है के जो अब लखमी चन्द सेठ ने मोल ली है। उसी के दरवाज़े की संगीन बारादरी पर मेरी नशिस्त[5] थी और

एक कटरा के वो कश्मीरन वाला कहलाता था, उस कटरे के एक कोठे पर मैं पतंग उड़ाता था, और राजा बलवान सिंह से पतंग लड़ा करते थे।

(गाने की आवाज़ उभरती है)

"वो फ़िराक़[6] और वो विसाल[7] कहाँ
वो शबो-रोज़ो-माहो-साल कहाँ"

1. ग़ालिब का नाम, 2. हारा हुआ, 3. कमज़ोर, 4. दोस्ती, 5. बैठक, 6. किसी चीज़ की उत्सुकता, 7. मिलन।

मिर्ज़ा ग़ालिब–

पन्द्रह बरस की उम्र से पच्चीस बरस की उम्र तक मज़ामीने-ख़याली लिखा किया। दस बरस में बड़ा दीवान जमा हो गया। इब्तिदा-ए-फ़िक्रो-सुख़न[1] में बेदिल व असीर[2] व शौक़त[3] की तर्ज़ पर रेख़ता लिखता था। चुनांचे एक ग़ज़ल का मक़्ता[4] ये था–

"तर्ज़े-बेदिल में रेख़ता[5] लिखना
असदउल्लाह ख़ाँ क़यामत है"

आख़िर जब तमीज़ आयी तो इस दीवान को दूर किया, और दस पन्द्रह शे'र वास्ते नमूने के दीवान-ए-हाल में रहने दिये। अक्सर ऐसा होता है, किसी और की ग़ज़ल मेरे नाम पर लोग पढ़ देते हैं। चुनांचे इन्हीं दिनों में मुझे एक साहब ने आगरे से लिखा के ये ग़ज़ल भेज दीजिए, 'असद और लेने के देने पड़े'। मैंने कहा कि लाहौल-विला-क़ुव्वत अगर ये कलाम मेरा हो तो मुझ पर लानत। इसी तरह ज़माना-ए-साबिक़[6] में एक साहब ने मेरे सामने ये मतला[7] पढ़ा–

"असद इस जफ़ा पर बुतों से वफ़ा की
मेरे शे'र शाबाश रहमत ख़ुदा की"

मैंने सुनकर अर्ज़ किया के साहब, जिस बुज़ुर्ग का ये मतला है उस पर बक़ौल[8] उसके ख़ुदा की रहमत और अगर मेरा हो तो मुझ पर लानत! असद और शे'र और बुत और ख़ुदा और जफ़ा और वफ़ा ये मेरी तर्ज़े-गुफ़्तार[9] नहीं है। बात ये है के

एक शख़्स मीर अमानी असद हो गुज़रे हैं। ये मतला और ये ग़ज़ल उनके कलाम-ए-मोअज्ज़िज़े निज़ाम[10] में से है और तज़्किरों[11] में मर्क़ूम[12] है, मैंने तो कोई दो-चार बरस इब्तिदा में असद तख़ल्लुस रखा है वरना ग़ालिब ही लिखता रहा। तुम तर्ज़-ए-तहरीर[13] और रविश-ए-फ़िक्र[14] पर भी नज़र नहीं करते मेरा कलाम और ऐसा मज़-ख़ुर्फ़[15]

---

1. शुरुआत की ग़ज़लें, 2, तुक-बन्दी, 3. शान, 4. ग़ज़ल, का आख़िरी शे'र, 5. उर्दू, 6. पहले के समय, 7. ग़ज़ल का पहला शे'र, 8. उसके अनुसार 9. कहने का तरीक़ा, 10. उनके चमत्कारी कलाम में, 11. चर्चा, 12. लोकप्रिय, 13. लिखने का तरीक़ा, 14. सोचने का तरीक़ा, 15. अनर्गल।

(गाने की आवाज़ उभरती है)

बे-नियाज़ी[1] हद से गुज़री बन्दा-परवर[2] कब तलक
हम कहेंगे हाल-ए-दिल और आप फ़रमायेंगे क्या?

दोस्त ग़म-ख़्वारी[4] में मेरी सई[4] फ़रमावेंगे क्या
जख़्म के भरने तलक नाख़ूँ न बढ़ जावेंगे क्या?

हज़रत-ए-नासेह[5] गर आवें दीदा-ओ-दिल फ़र्श-ए-राह[6]
कोई मुझको ये तो समझा दो के समझावेंगे क्या?

गर किया नासेह ने हमको क़ैद अच्छा यूँ सही
ये जुनून-ए-इश्क़ के अन्दाज़ छुट जावेंगे क्या?

ख़ाना-ज़ादे जुल्फ़[7] हैं, ज़ंजीर से भागेंगे क्यूँ
हैं गिरफ़्तार-ए-वफ़ा ज़िन्दाँ[8] से घबरावेंगे क्या?

है अब इस मामूरे मे क़हते-ग़मे-उल्फ़त[9] 'असद'
हमने ये माना के दिल्ली में रहें, खावेंगे क्या?

---

1. बेपरवाही, उदासीनता, 2. उपकारी, 3. सहानुभूति, 4. प्रयास, 5. उपदेशक, 6. नज़र और दिल को रास्ते में बिछाकर, 7. ज़ुल्फ़ों की क़ैद, 8. क़ैदख़ाना, 9. प्यार के दुखों का अकाल।

मिर्ज़ा ग़ालिब–

यहाँ बादशाह ने क़िले में मुशायरा मुक़र्रर[1] किया है। हर महीने में दो बार मुशायरा होता है। पन्द्रहवीं को और उन्तीसवीं को। हुज़ूर फ़ारसी का एक मिसरा और रेख़ते का एक मिसरा 'तरह'[2] करते हैं। सो वो कही हुई ग़ज़लें तो क्या पढ़ूँ, नयी ग़ज़ल कह कर ले जाता हूँ। आज दोपहर को एक ग़ज़ल लिखी है कल या परसों जाकर पढ़ूँगा।

दिल-ए-नादाँ तुझे हुआ क्या है,
आख़िर इस दर्द की दवा क्या है

हमको उनसे वफ़ा की है उम्मीद
जो नहीं जानते वफ़ा क्या है

हम हैं मुश्ताक़[3] और वो बे-ज़ार[4]
या इलाही ये माजरा क्या है

जबकि तुझ बिन नहीं कोई मौजूद
फिर ये हंगामा अय ख़ुदा क्या है

जान तुम पर निसार करता हूँ
मैं नहीं जानता वफ़ा क्या है

मैंने माना कि कुछ नहीं 'ग़ालिब'
मुफ़्त हाथ आये तो बुरा क्या है

1. तय, 2. रदीफ़, काफ़िया देना, इस ग़ज़ल में 'हुआ क्या है', 'दवा क्या है' तरह है, 3. उत्सुक, 4. नाखुश, मुँह फेरे हुए।

(गाने की आवाज़ उभरती है)

नुक़्ता-चीं है ग़म-ए-दिल उसको सुनायें न बनें
क्या बने बात यहाँ बात बनाये न बने

मैं बुलाता तो हूँ उसको मगर ऐ जज़्बा-ए-दिल
उसपे बन जाये कुछ ऐसी कि बिन आये न बने

ग़ैर फिरता है लिए यूँ तिरे ख़त को कि अगर
कोई पूछे के ये क्या है तो छिपाए न बने

कह सके कौन कि ये जलवा-गरी किसकी है
परदा छोड़ा है वो उसने कि उठाये न बने

मौत की राह न देखूँ कि बिन आये न रहे
तुम को चाहूँ कि न आओ तो बुलाये न बने

भाई मुझको तुमसे बड़ा तआज्जुब है कि इस बैत के मायने में तुमको ताम्मुल[1] रहा इसमें दो इस्तेफ़हाम[2] आ पड़े हैं, कि वो ब-तरीक़े ताना-ओ-तारीज़[3] माशूक़ से कह गये हैं। मौत की राह न देखूँ? क्यूँ न देखूँ? मैं तो देखूँ ही गा कि बिन आये न रहे। क्योंकि मौत की शान में ये बात है कि एक दिन आये ही गी इन्तेज़ार ज़ाया न जायेगा, तुम को चाहूँ, क्या ख़ूब क्यूँ चाहूँ? के न आओ तो बुलाए न बने। यानी अगर तुम आप से आये तो आये और अगर ना आये तो फिर क्या मजाल के कोई तुमको बुला सके। गोया ये आजिज़[4] माशूक़ से कहता है कि अब मैं तुम को छोड़ कर अपनी मौत का आशिक़ हुआ हूँ। उसमें ये ख़ूबी है कि बिन बुलाये बग़ैर आये नहीं रहती। तुमको क्यों चाहूँ कि अगर ना आओ तो तुमको बुला ना सकूँ।

1. संकोच, असमंजस, 2. पड़ाव, 3. बातों बातों में कटाक्ष करना, 4. हताश।

(गाने की आवाज़ उभरती है)

क़ासिद[1] के आते-आते ख़त इक और लिख रखूँ
मैं जानता हूँ जो वो लिखेंगे जवाब में

कब से हूँ क्या बताऊँ जहान-ए-ख़राब में
शब-हाय-हिज्र[2] को भी रखूँ गर हिसाब में

मुझ तक कब उनकी बज़्म[3] मे आता था दौर-ए-जाम
साक़ी ने कुछ मिला न दिया हो शराब में

ता फिर ना इन्तज़ार में नींद आये उम्र भर
आने का अहद[4] कर गये आये जो ख़्वाब में

ग़ालिब छुटी शराब पर अब भी कभी-कभी
पीता हूँ रोज़े-अब्रो-शबे-माहताब[5] में

---

1. ख़बर लाने वाला, 2. जुदाई की रात, 3. महफिल/सभा, 4. वादा, 5. चाँदनी रात में व जिस दिन बादल छाए हों।

मिर्ज़ा ग़ालिब–

शाम हुई चिराग़ रौशन हुआ, मुन्शी सईद अहमद हुसैन सरहाने के तरफ़ मूढ़े पर बैठे हैं, मैं पलंग पर लेटा हुआ हूँ। के नागहां[1] चश्म-ओ-चराग़-ए-दूद-माने- इल्म-ओ-यक़ीन[2] सैयद नसीरूद्दीन आया, एक कोड़ा हाथ में और एक आदमी साथ, उसके सर पर इक टोकरा और उस पर घास हरी बिछी हुई। मैंने कहा आ...हा...हा सुल्तान-उल-उलमा मौलाना सरफ़राज़ हुसैन देहलवी ने दोबारा रसद[3] भेजी है। बारे मालूम हुआ के वो नहीं है यें कुछ और है। फ़ैज़े-ख़ास[4] नहीं, लुत्फ़-ए-आम[5] है, यानी शराब नहीं ये आम हैं। ख़ैर ये अतिया भी बे-ख़लल है बल्कि नेमुल-बदल[6] है, एक एक आम को एक एक सर-ब-मोहर[7] गिलास समझा, लिक्योर से भरा हुआ, मगर वाह किस हिक़मत[8] से भरा है कि पैंसठ गिलास में से एक क़तरा नहीं गिरा है। मियाँ कहता था कि ये अस्सी थे, पन्द्रह बिगड़ गये बल्कि सड़ गये। ता उनकी बुराई औरों मे सरायत[9] न करे, टोकरे मे से फेंक दिये, मैंने कहा भाई ये क्या कम हैं! मगर मैं तुम्हारी तकलीफ़-ओ-तक़ल्लुफ़ से ख़ुश नहीं हुआ, तुम्हारे पास रुपया कहाँ जो तुमने आम ख़रीदे। लिक्योर के मायने तुम न समझे होगे, एक अंग्रेज़ी शराब होती है क़िमाम कि बहुत लतीफ़ और रंगत की बहुत ख़ूब और तौम[10] की ऐसी मीठी जैसा क़न्द[11] का क़िवाम पतला। सत्रह बोतलें बादा-ए-नायाब[12] की तोशा ख़ाने[13] में मौजूद हैं, दिन-भर किताब देखा करते हैं, रात-भर शराब पिया करते हैं। सुनो साहब जिस शख़्स को, जिस शग़्ल[14] का ज़ौक़[15] हो और वो उसमें बे-तक़ल्लुफ़ उम्र बसर करे, उसका नाम ऐश है।

---

1. अचानक से, 2. आलिम फ़ज़िल अलमबरदार के बेटे 3. खाद्यान, 4. चुने हुए लोगों को फ़ायदा पहुँचाने वाली, 5. आम आदमी जिसका आनन्द उठा सके, 6. अच्छा परिवर्तन, 7. सील-बन्द, 8. बुद्धिमत्ता, 9. फैलाये, 10. स्वाद, 11. ताज़ा-ताज़ा मीठा, 12. कम मिलने वाली शराब, 13. खाने पीने का स्थान, 14. काम, 15. शौक़।

(गाने की आवाज़ उभरती है)

ये मसाइले-तसव्वुफ़[1] ये तेरा बयान ग़ालिब
तुझे हम वली[2] समझते जो ना बादाख़्वार[3] होता

तिरे वादे पर जीए हम तो ये जान झूठ जाना
के ख़ुशी से मर न जाते अगर ऐतबार होता

ये ना थी हमारी क़िस्मत कि विसाले-यार होता
अगर और जीते रहते यही इंतज़ार होता

कोई मेरे दिल से पूछे तिरे तीरे-नीम-कश[4] को
ये ख़लिश कहाँ से होती जो जिगर के पार होता

ये कहाँ की दोस्ती है कि बने हैं दोस्त नासेह[5]
कोई चारासाज़[6] होता कोई ग़म-गुसार[7] होता

कहूँ किससे मैं कि क्या है शबे-ग़म बुरी बला है
मुझे क्या बुरा था मरना अगर एक बार होता

हुए मर के हम जो रुसवा हुए क्यों न ग़रक़े-दरिया
ना कभी जनाज़ा उठता ना कहीं मज़ार होता

1. अध्यात्म की गुत्थियाँ, 2. सन्त, 3. शराबी, 4. आधा घुसा हुआ तीर, 5. उपदेशक, 6. चिकित्सक, 7. दुख बाँटने वाला।

मिर्ज़ा ग़ालिब

मिर्ज़ा ग़ालिब–

सुबह का वक़्त है जाड़ा ख़ूब पड़ रहा है। अंगीठी सामने रखी हुई है, दो हर्फ़ लिखता हूँ और आग तापता जाता हूँ। आग में गर्मी सही मगर हाय वो आतिश-ए-सैयाल[1] कहाँ के जब दो जुर्रे पी लिए फ़ौरन रगो-पय[2] में दौड़ गयी। दिल तवाना[3] हो गया, दिमाग़ रौशन हो गया।

"साक़ी-ए-कौसर[4] का बन्दा और तिशना-लब[5]
हाय गज़ब.................हाय गज़ब..................."

(गाने की आवाज़ उभरती है)

और बाज़ार से ले आये अगर टूट गया
सागर-ए-जम[6] से मेरा जाम-ए-सिफ़ाल[7] अच्छा है

उनके देखे से जो आ जाती है मुँह पर रौनक़
वो समझते हैं के बीमार का हाल अच्छा है

देखिये पाते हैं उश्शाक़[8] बुतों से क्या फ़ैज़[9]
इक बिरहमन ने कहा हे के ये साल अच्छा है

हमको मालूम है जन्नत की हक़ीक़त लेकिन
दिल के ख़ुश रखने को ग़ालिब ये ख़याल अच्छा है

---

1. पिघली हुई आग, 2. पूरे शरीर में, 3. ताक़तवर, 4. स्वर्ग का साक़ी, 5. प्यासा, 6. जमशेद बादशाह का रतन जड़ित प्याला, 7. मिट्टी का प्याला, 8. आशिक़, 9. इनाम।

मिर्ज़ा ग़ालिब–

मिर्ज़ा साहब हमको ये बातें पसन्द नहीं। पैंसठ बरस की उम्र है, पचास बरस आलम-ए-रंगो-बू[1] की सैर की है। इब्तिदा-ए-शबाब[2] में एक मुर्शिद-ए-क़ामिल[3] ने ये नसीहत की है के हमको ज़ुहदोवरा[4] मंज़ूर नहीं हम माने फ़िस्क-ओ-फ़िज़ूर[5] नहीं। पियो खाओ मज़े उड़ाओ मगर ये याद रहे कि मिस्री की मक्खी बनो शहद की मक्खी न बनो, सो मेरा इस नसीहत पर अमल रहा है। किसी के मरने का वो ग़म करे जो आप न मरे! कैसी अश्क़ फ़िशानी[6] कहाँ की मर्सिया-ख़ानी[7] आज़ादी का शुक्र बजा लाओ ग़म न खाओ। और अगर ऐसे ही अपनी गिरफ़्तारी से ख़ुश हो तो चुन्ना जान न सही मुन्ना जान सही। मैं जब बहिश्त[8] का तसव्वुर करता हूँ और सोचता हूँ के अगर मग़्फ़िरत[9] हो गयी और एक क़स्र (महल) मिला और एक हूर मिली और उसी एक नेक बख़्त के साथ ज़िन्दगानी है, इस तसव्वुर से जी घबराता है और कलेजा मुँह को आता है। हए हए वो हूर अजीरन[10] हो जायेगी तबीयत क्यों न घबरायेगी। भाई होश में आओ कहीं और दिल लगाओ। जानता हूँ तुम्हारे दिल पे क्या गुज़रती होगी, सब्र करो और अब ये हंगामा-ए-इश्क़-ए-मजाज़ी[11] छोड़ो!

1. संसार, 2. किशोरावस्था, 3. गुरु, 4. इबादत, 5. गुनाह करने के ख़िलाफ, 6. आँसू बहाना, 7. याद करते हुए मातम मनाना, 8, जन्नत, 9. मोक्ष/मुक्ति, 10. नर्क, 11. सांसारिक प्रेम।

(गाने की आवाज़ उभरती है)

"फिर उसी बेवफा पे मरते हैं
फिर वही ज़िन्दगी हमारी है"

"इश्क़ पर जोर नहीं है ये वो आतिश ग़ालिब
कि लगाये न लगे और बुझाये न बने"

सुनो साहब शौ'रा[1] में फ़िरदौसी[2] और फ़ुक़रा[3] मे हसन बसरी[4] और उश्शाक़[5] में मजनूँ, ये तीन आदमी तीन फ़न में सरे दफ़्तर और पेश्वा[6] हैं। शायर का कमाल ये है कि फ़िरदौसी हो जावे। और फ़क़ीर की इन्तेहा ये है के हसन बसरी से टक्कर खाये। और आशिक़ की नमूद[7] ये है के मजनूँ की हम तरही[8] नसीब हो। लैला उसके सामने मरी और तुम्हारी मेहबूबा तुम्हारे सामने मरी, बल्कि तुम उससे बढ़कर हुए के लैला अपने घर में और तुम्हारी माशूक़ा तुम्हारे घर में मरी।

भाई मुग़ल बच्चे भी ग़ज़ब होते हैं। जिसपे मरते हैं उसको मार रखते हैं। मैं भी मुग़ल बच्चा हूँ। उम्र भर मे एक बड़ी सितम पेशा डोमनी[9] को मैंने भी मार रखा है, ख़ुदा उन दोनों को बख़्शे और हम तुम दोनों को भी, कि ज़ख़्म-ए-मर्ग-ए-दोस्त[10] खाय हुए हैं। अब भी कभी-कभी वो अदाएँ याद आती हैं उसका मरना ज़िन्दगी भर न भूलूँगा!

---

1. शा'यरों में, 2. विख्यात फारसी कवि, 3. फ़क़ीरों में, 4. महान सूफी सन्त, 5. प्यार करने वालों में, 6. श्रेष्ठ, 7. स्वांग/दिखावा, 8. मजनू के बराबर रखा जाए, 9. नाचने वाली तवायफ़, 10. दोस्त के मरने का घाव।

(गाने की आवाज़ उभरती है)

फिर कुछ इक दिल को बेक़रारी है
सीना जोया-ए-ज़ख़्म-ए-कारी[1] है

फिर उसी बेवफ़ा पे मरते हैं
फिर वही ज़िन्दगी हमारी है

बे-ख़ुदी[2] बे-सबब[3] नहीं ग़ालिब
कुछ तो है जिसकी पर्दा-दारी है

1. गहरा जख़्म खाने का इच्छुक, 2. अपने आपसे बे-ख़बर होना, 3. अकारण।

मिर्ज़ा ग़ालिब–

वाकई मियाँ तफ़्ता दीवान की नक्ल कर रहे हैं, और लाहौर भेजेंगे और मुझसे ख़फा हैं। हुक़्म था, के इस दीवान का दीबाचा[1] लिख। मैंने कहा साहब तुम हर साल एक दीवान लिखोगे, मैं दीबाचा कहाँ तक लिखा करूँगा। उसके बाद उन्होंने ख़त नहीं भेजा। मैं भी उनको ख़त न लिखूँगा। और देखूँ कब तक मुझको याद नहीं करते। दीबाचा लिखना भाई क्या आसान है, कलेजा खुरचना पड़ता है। नस्र[2] की फ़िक्र नज़्म से कम नहीं। यक़ीन है के वो और आप मेरा उज्र[3] क़ुबूल करें और मुझको माफ़ रक्खें। ख़ुदा ने मुझ पर रोज़ा नमाज़ माफ़ कर दिया, क्या तुम और तफ़्ता एक दीबाचा माफ़ न करोगे। रोज़ा रखता हूँ मगर रोजे को बहलाए रखता हूँ। कभी पानी पी लिया, कभी हुक़्क़ा पी लिया, कभी कोई टुकड़ा रोटी का खा लिया, मैं तो रोज़ा बहलाता रहता हूँ और ये साहब फ़रमाते हैं के तू रोज़ा नहीं रखता। ये नहीं समझते के रोज़ा न रखना और चीज़ है और रोज़ा बहलाना और बात है।

"इफ़्तार-ए-सोम[4] की जिसे कुछ दस्तगाह हो
उस शख़्स को जरूर है रोज़ा रखा करे
जिस पास रोज़ा खोल के खाने को कुछ न हो
रोज़ा अगर न खाये तो नाचार[5] क्या करे"

ये क़ता[6] कल हुज़ूर में पढ़ा था बहुत हँसे और ख़ुश हुए।

बीस बाइस दिन से हुज़ूरे-वाला रोज़ दरबार करते हैं। आठ नौ बजे जाता हूँ बारह बजे आता हूँ। या रोटी खाने में ज़ोहर[7] की अज़ान होती है या हाथ धोने में। सब मुलाज़मीन का हाल यही है और कोई रोटी खा कर जाता होगा, मुझसे बाद खाना खाने के चला नहीं जाता। ये तो जो कुछ था सो था। परसों से अज़राहे-इनायत[8] हुक़्म दिया है कि शाम को रेते में लब-ए-दरिया[9] पतंग बाज़ी होती है तू भी सलीम गढ़ पर आया कर। ख़ुलासा ये कि सुबह को जाता हूँ दोपहर को आता हूँ खाना खा कर पाँच चार घड़ी दम लेकर जाता हूँ, चिराग़ जले आता हूँ। भाई तुम्हारे सर की क़सम रात को मज़दूरों की तरह थक कर पड़ा रहता हूँ, आज चौथे दिन तुम्हारे ख़त का जवाब लिखने की फ़ुरसत पायी है तो फ़ुरसत क्या खाना खा कर लेटा नहीं कि तुमको ख़त लिखा।

"ख़त लिखेंगे गरचे मतलब कुछ न हो
हम तो आशिक़ हैं तुम्हारे नाम के"

1. प्रस्तावना, 2. पद्य, 3. माफ़ी (excuse), 4. रोजा खोलने की सामग्री, 5. लाचार, 6. मुक्तक, 7. दोपहर की अज़ान, 8. मेहरबानी करते हुए, 9. दरिया किनारे।

मिर्ज़ा ग़ालिब–

मुशायरा यहाँ शहर में कहीं नहीं होता। क़िले में शहज़ादगाने-तैमूरिया जमा होकर कुछ ग़ज़ल ख़ानी कर लेते हैं। वहाँ के मिस्रा-ए-तरही[1] को क्या कीजिएगा उस पर ग़ज़ल लिख कर कहाँ पढ़िएगा। मैं कभी उस महफ़िल में जाता हूँ और कभी नहीं जाता। और ये सोहबत खुद चन्द-रोज़ा है। क्या मालूम है अभी न हो, अबके हो तो आयंदा न हो, तुम किस रेख़ते को नया समझते हो? कहा किये और हुआ किये ये ग़ज़ल पुरानी है। दरिया मेरे आगे सहरा मेरे आगे इस पर भी एक साल गुज़र चुका है। क़िला-ए-मुबारक के मुशायरे की ग़ज़ल है।

(गाने की आवाज़ उभरती है)

बाज़ीचा-ए-अतफ़ाल[2] है दुनिया मेरे आगे
होता है शब-ओ-रोज़[3] तमाशा मेरे आगे

इक खेल हे औरंगे-सुलेमाँ[4] मेरे नज़दीक
इक बात है एजाज़-ए-मसीहा[5] मेरे आगे

होता है निहाँ[6] गर्द मे सहरा मेरे होते
घिसता है जबीं[7] ख़ाक पे दरिया मेरे आगे

मत पूछ के क्या हाल है मेरा तेरे पीछे
तू देख के क्या रंग है तेरा मेरे आगे

गो[8] हाथ को जुम्बिश[9] नहीं, आँखों मे तो दम है
रहने दो अभी सागर-ओ-मीना[10] मेरे आगे

---

1. काव्यात्मक पंक्ति, 2. खेल का मैदान, 3. रात और दिन, 4. सुलैमान बादशाह का सिंहासन, 5. मसीह का चमत्कार, 6. छिप जाता है, 7. माथा, 8. हालाँकि, 9. हरकत, 10. शराब।

मिर्ज़ा ग़ालिब–

पचास बरस की बात है कि इलाही बख़्श ख़ाँ मरहूम ने एक ज़मीन नयी निकाली है। मैंने हस्ब-उल-हुक्म[1] ग़ज़ल लिखी, बैतुल-ग़ज़ल[2] ये है–

"पिला दे ओक से साक़ी, जो हम से नफ़रत है
प्याला गर नहीं देता न दे, शराब तो दे"

"असद ख़ुशी से मेरे हाथ-पाँव फूल गये
कहा जो उसने ज़रा मेरे पाँव दाब तो दे"

अब मैं देखता हूँ मतला और चार शे'र किसी ने लिख कर इस मक़्ता और उस बैतुल-ग़ज़ल को शामिल उन अशआर के करके ग़ज़ल बना ली है, और उसे लोग गाते फिरते हैं। मक़्ता और एक शे'र मेरा और पाँच शे'र किसी उल्लू के। मेरा कलाम मेरे पास कभी कुछ नहीं रहा, नवाब ज़िआउद्दीन ख़ाँ और नवाब हुसैन मिर्ज़ा जमा कर लेते थे। जो मैंने कहा उन्होंने लिख लिया, उन दोनों के घर लुट गये, हज़ारों रुपयों के किताब-ख़ाने बरबाद हुए। अब मैं अपने कलाम के देखने को तरसता हूँ। कई दिन हुए कि इक फ़क़ीर के वो ख़ुश-आवाज़ भी है और ज़मज़मा पर्दाज़[3] भी है। एक ग़ज़ल मेरी कहीं से लिखवा लाया, उसने वो काग़ज़ जो मुझको दिखाया यकीन समझना के मुझको रोना आया। ग़ज़ल तुमको भेजता हूँ, और सिले में उसके इस ख़त का जवाब चाहता हूँ।

1. आदेशानुसार, 2. ग़ज़ल का बेहतरीन हिस्सा, 3. गाकर सुनाने वाला।

दर्द मिन्नतकशे-दवा[1] न हुआ
मैं ना अच्छा हुआ, बुरा न हुआ

जमा करते हो क्यों रक़ीबों[2] को
इक तमाशा हुआ, गिला न हुआ

है ख़बर गर्म उनके आने की
आज ही घर में बोरिया[3] न हुआ

कितने शीरीं[4] हैं तेरे लब कि रक़ीब
गालियाँ खा के बे-मज़ा न हुआ

क्या वो नमरूद[5] की ख़ुदाई थी
बंदगी में मेरा भला न हुआ

जान दी, दी हुई उसी की थी
हक़ तो ये है के हक़ अदा न हुआ

कुछ तो पढ़िए के लोग कहते हैं
आज ग़ालिब ग़ज़लसरा न हुआ

1. दवा का माँगना, 2. प्रतिद्वन्द्वी, 3. बैठने का आसन, 4. मीठे, 5. एक राजा जो अपने आपको ख़ुदा कहता था।

(गाने की आवाज़ उभरती है)

आह को चाहिए इक उम्र असर होने तक
कौन जीता है तेरी ज़ुल्फ़ के सर होने तक

आशिक़ी सब्र-तलब और तमन्ना बेताब
दिल का क्या रंग करूँ ख़ूने-जिगर होने तक

हमने माना के तग़ाफ़ुल[1] न करोगे लेकिन
ख़ाक हो जायेंगे हम तुम को ख़बर होने तक

ग़मे-हस्ती का असद किस से हो जुज़-मर्ग इलाज[2]
शम्मा हर रंग मे जलती है सहर[3] होने तक

मध्यान्तर

1. उपेक्षा, 2. मौत के सिवाय, 3. सुबह।

मिर्ज़ा ग़ालिब–

ग्यारह मई अठ्ठारह सौ सत्तावन को यहाँ फ़साद शुरू हुआ। मैंने उसी दिन से घर का दरवाज़ा बन्द और आना जाना मौक़ूफ़[1] कर दिया। बे-शग़्ल[2] ज़िन्दगी बसर नहीं होती। अपनी सरगुज़िश्त[3] लिखनी शुरू की। जो सुना गया, वो भी ज़मीमा-ए-सरगुज़िश्त करता गया। और मैं जिस शहर में हूँ उसका नाम दिल्ली और उस मौहल्ले का नाम बल्ली मारों का मौहल्ला है। राजा नरिन्दर सिंह बहादुर वालिये पटियाला ने साहिबाने-आलीशान से ये अहद ले लिया था के बरवक़्ते ग़ारत-ए-देहली[4] ये लोग बचे रहे, चुनांचे बाद फ़तह राजा के सिपाही यहाँ आ बैठे और ये कूचा महफ़ूज़ रहा। वरना मैं कहाँ और ये शहर कहाँ! दिल्ली को वैसा ही अब जानते हो जैसे आगे थी। क़ासिम जान की गली मीर ख़ैराती के फाटक से फ़तहउल्लाह ख़ाँ बेग़ के फाटक तक बे-चराग़ है। हाँ अगर आबादी है तो ये है के ग़ुलाम हुसैन ख़ाँ की हवेली अस्पताल है और ज़िआउद्दीन ख़ाँ के कमरे में डॉक्टर साहब रहते हैं। और काले साहब के मकानों में एक और साहिबाने आलीशान-ए-इंग्लिस्तान तशरीफ़ रखते हैं। लाल कुएँ के मौहल्ले में ख़ाक उड़ती है, आदमी का नाम नहीं। शहर का हाल मैं क्या जानूँ क्या है 'पौन टूटी' कोई चीज़ है जो जारी हो गयी है। सिवाय अनाज और उपले के कोई ऐसी चीज़ नहीं जिस पर महसूल ना लगा हो। जामा मस्जिद के गिर्द पच्चीस-पच्चीस फ़ुट गोल मैदान निकलेगा। दुकानें हवेलियाँ ढाई जायेंगी, दार-उल बक़ा फ़ना हो जायेगी। रहे ना हम, अल्लाह कहाँ! ख़ान चन्द का कूचा शाह बोला के पड़ तक ढहेगा। तुम आते हो, चले आओ, जाँ निसार ख़ाँ के छत्ते की

सड़क, ख़ान चन्द के कूचे की सड़क देख जाओ, बुलाक़ी बेगम के कूचे का ढहना, जामा मस्जिद के गिर्द सत्तर-सत्तर गज़ गोल मैदान निकलना सुन जाओ। ग़ालिबे-आज़ुर्दा दिल को देख जाओ।

"घर में था क्या जो तेरा ग़म उसे ग़ारत करता
वो जो रखते थे हम एक हसरत-ए-तामीर सो है"

1. बन्द, 2. बिना किसी काम-काज के, 3. आपबीती, 4. दिल्ली की तबाही के समय।

(गाने की आवाज़ उभरती है)

जुल्मत-कदे में[1] मेरे शब-ए-ग़म[2] का जोश है
इक शम्मा है दलील-ए-सहर[3] सो ख़मोश है

दाग़े-फ़िराक़े-सोहबते-शब[4] की जली हुई,
इक शम्मा रह गयी है सो वो भी ख़मोश है

आते हैं ग़ैब[5] से ये मज़ामीं[6] ख़याल में
ग़ालिब सरीर-ए-ख़ामा[7] नवा-ए-सरोश[8] है

---

1. अन्धेरा, 2. दुख की रात, 3. सुबह की उम्मीद, 4. जुदाई की रात, 5. अदृश्य शक्ति, 6. विविध विषय, 7. कागज़ पर क़लम चलने की आवाज़, 8. फ़रिश्ते आवाज़।

मिर्ज़ा ग़ालिब–

पाँच लश्कर का हमला पै-दर-पै[1] इस शहर पर हुआ। पहला बाग़ियों का लश्कर, उसमें अहल-ए-शहर[2] का एतबार लुटा, दूसरा लश्कर ख़ाकियों का, उसमें जानो-मालो-नामूस[3] वा मकान-ओ-मकीं वा आसमान-ओ-ज़मीं वा सारे हस्ती सब लुट गये। तीसरा लश्कर काल का, उसमें हज़ारहा आदमी भूखे मरे। चौथा लश्कर हैज़े का, उसमें बहुत से पेट भरे मरे। पाँचवाँ लश्कर तप का, उसमें ताब-ओ-ताक़त अमूमन लुट गयी। मरे आदमी कम, मगर जिसको तप आई फिर उसने अज़ा[4] में ताक़त न पायी। अब तक उस लश्कर ने शहर से कूच नहीं किया है। मेरे घर में दो आदमी तप मे मुब्तिला हैं।

तुम्हारे यहाँ लड़के का पैदा होना और उसका मर जाना मालूम होकर मुझको बड़ा ग़म हुआ। भाई इस दाग़ की हक़ीक़त मुझसे पूछो चौहत्तर बरस की उम्र में सात बच्चे पैदा हुए, लड़के भी और लड़कियाँ भी। और किसी की उम्र पन्द्रह महीने से ज़्यादा नहीं हुई। तुम अभी जवान हो हक़-ताला तुम्हें सब्र रखने को मदद दे।

1. एक के बाद एक, 2. शहर के लोगों का, 3. सम्पत्ति-पहचान, 4. हाथ-पैर और ज़िस्म के सारे अंग।

(गाने की आवाज़ उभरती है)

दिल ही तो है न संगो-ख़िश्त[1] दर्द से भर न आये क्यों
रोयेंगे हम हज़ार बार कोई हमें सताए क्यों

क़ैदे-हयात-ओ-बन्दे-ग़म[2] अस्ल में दोनों एक हैं
मौत से पहले आदमी ग़म से निजात पाये क्यों

ग़ालिबे-ख़स्ता[3] के बग़ैर कौन से काम बन्द हैं
रोईए ज़ार-ज़ार[4] क्या कीजिए हाए-हाए क्यों

दिल ही तो है न संगो-ख़िश्त दर्द से भर न आये क्यों
रोयेंगे हम हज़ार बार, कोई हमें सताए क्यों

1. पत्थर, 2. ज़िन्दगी और दुख की क़ैद, 3. मामूली ग़ालिब, 4. फूट-फूट के रोना।

मिर्ज़ा ग़ालिब–

बरसात का हाल न पूछो खुदा का क़हर है। क़ासिम जान की गली सआदत ख़ाँ की नहर है। मैं जिस मकान में रहता हूँ मस्जिद की तरफ़ के दालान को जाते हुए जो दरवाज़ा था, गिर गया। सीढ़ियाँ गिरा-चाहती हैं। सुबह के बैठने का हुजरा झुक रहा है, छतें छलनी हो गयी हैं, अब्र दो घंटे बरसे तो छत चार घंटे बरसती हैं। किताबें, क़लम-दान, सब तोशा ख़ाने में, फर्श पर कहीं लगन रखा हुआ है, कहीं चिलमची धरी हुई है। ख़त कहाँ बैठ कर लिखूँ!

मालिक अगर चाहे कि मरम्मत करे तो क्योंकर करे। मेंह खुले तो सब कुछ हो, और फिर अस्ना-ए-मरम्मत[1] में बैठा किस तरह रहूँ। अगर तुम से हो सके तो बरसात तक भाई से वो हवेली जिसमें मीर हसन रहते थे, अपनी फूफी के रहने को, और कोठी में से वो बालाख़ाना[2] मए-दालाने-ज़ेरे[3] जो इलाही बख़्श ख़ाँ मरहूम का मस्कन था, मेरे रहने को दिलवा दो। बरसात गुज़र जायेगी, मरम्मत हो जायेगी, फिर साहब मेंम और बाबा लोग अपने क़दीम मस्कन[4] में आ रहेंगे।

“उग रहा है दरो-दीवार पर सब्ज़ा ग़ालिब
हम बियाबां में हैं, और घर में बहार आयी है”

1. मकान की मरम्मत के दौरान, 2. ऊपरी कमरा, 3. नीचे का कमरा (बरामदा), 4. पुराने घर में।

मिर्ज़ा ग़ालिब

एक ग़दर कालों का, एक हंगामा गोरों का, एक फ़ितना[1] इनहिदामे-मकानात का, एक आफ़त वबा[2] की, एक मुसीबत काल की। आज इक्कीसवाँ दिन है, आफ़ताब इस तरह गाहे-गाहे नज़र आ जाता है जिस तरह बिजली चमक जाती है। रात को कभी-कभी अगर तारे दिखाई देते हैं तो लोग उनको जुगनू समझ लेते हैं। अंधेरी रातों मे चोरों की बन आयी है। कोई दिन नहीं कि दो चार घर की चोरी का हाल न सुना जाये। मुबालग़ा[3] न समझना, हज़ारहा मकान गिर गये, सैकड़ों आदमी जा-ब-जा दबके मर गये। गली-गली नदी बह रही है। क़िस्सा-ए-मुख़्तसर वो अन्न काल था कि मेह ना बरसा, अनाज ना पैदा हुआ। ये पन्न काल है, पानी ऐसा बरसा के बोये हुए दाने बह गये। जिन्होंने अभी नहीं बोया वो बोने से रह गये। सुन लिया दिल्ली का हाल...इसके सिवा कोई नयी बात नहीं है।

दिल्ली की हस्ती मुन्हसिर[4] कई हंगामो पर थी। क़िला, चाँदनी चौक, हर रोज़ बाज़ार मस्जिद जामा का, हर हफ़्ते सैर जमना के पुल की, हर साल मेला फूल वालों का, ये पाँचों बातें अब नहीं हैं। फिर कहो दिल्ली कहाँ! हाँ कोई शहर इस नाम का था।

---

1. हंगामा, 2. महामारी, 3. अतिश्योक्ति, 4. निर्भर।

(गाने की आवाज़ उभरती है)

वो फिराक़[1] और वो विसाल[2] कहाँ
वो शबो-रोज़-ओ-माहो-साल[3] कहाँ

थी वो इक शख़्स के तसव्वुर सी
अब वो रानाई-ए-ख़याल[4] कहाँ
वो शबो-रोज़ो-माहो-साल कहाँ

ऐसा आसाँ नहीं लहू रोना
दिल में ताक़त ज़िगर में हाल कहाँ
वो शबो-रोज़ो-माहो-साल कहाँ

फ़िक्रे-दुनिया में सर खपाता हूँ
मैं कहाँ और ये वबाल कहाँ
वो शबो-रोज़ो-माहो-साल कहाँ

1. बिछड़ना, 2. मिलना, 3. रात-दिन, महीने-साल, 4. ख़यालों की ख़ूबसूरती।

جمنا کا پل

मिर्ज़ा ग़ालिब–

सुना होगा तुमने के मोमिन ख़ाँ मर गये। देखो भाई हमारे बच्चे मरे जाते हैं, हमारे हमउम्र मरे जाते हैं, क़ाफ़िला चला जाता है और हम पा-दर-रकाब[1] बैठे हैं। मौमिन ख़ाँ मेरा हम-अस्र[2] था और यार भी था। ब्यालिस तैंतालिस बरस हुए यानी चौदह-चौदह और पन्द्रह-पन्द्रह बरस की मेरी और उस मरहूम की उम्र थी जब उसमें और मुझमें रब्त पैदा हुआ। हज़रत चालीस-चालीस बरस का दुश्मन भी पैदा नहीं होता, दोस्त कहाँ हाथ आता है। ये शख़्स भी अपनी वज़ा का अच्छा कहने वाला था।

"तुम मेरे पास होते हो गोया
जब कोई दूसरा नहीं होता"

तबीयत उसकी मानी-आफ़रीं[3] थी। हिन्दुस्तानीयों में कुछ अज़ीज़, कुछ दोस्त, कुछ शागिर्द, कुछ माशूक़, सो सबके सब ख़ाक में मिल गये। एक अज़ीज़ का मातम कितना सख़्त होता है, जो इतने अज़ीज़ों का मातमदार हो उसको ज़ीस्त[4] क्यों कर ना दुश्वार हो। हाय इतने यार मरे कि जब मैं मरूँगा तो मेरा अब कोई रोने वाला भी न होगा। ख़ुलासा मेरी फ़िक्र का ये है कि अब बिछड़े हुए यार कहीं क़यामत को ही जमा हों तो हों। सो वहाँ क्या ख़ाक जमा होंगे।
सुन्नी अलग, शिआ अलग, नेक जुदा, बद जुदा।

1. पैर पर पैर रखकर, 2. हमउम्र, 3. प्रशंसा के योग्य, 4. जीवन।

(गाने की आवाज़ उभरती है)

बस के दुश्वार है हर काम का आसाँ होना
आदमी को भी मयस्सर[1] नहीं इंसाँ होना

घर हमारा जो न रोते भी तो वीराँ होता
बहर[2] गर बहर ना होता तो बियाबाँ[3] होता

इश्रत-ए-क़तरा[4] है दरिया में फ़ना हो जाना
दर्द का हद से गुज़रना है दवा हो जाना

दर्द मिन्नतकशे-दवा ना हुआ
मैं ना अच्छा हुआ बुरा ना हुआ

इब्ने-मरियम[5] हुआ करे कोई
मेरे दुख की दवा करे कोई

बक रहा हूँ जुनूँ में क्या-क्या कुछ
कुछ ना समझे ख़ुदा करे कोई

1. हासिल, 2. समन्दर, 3. वीरान, 4. बूँद का सौभाग्य, 5. मरियम का बेटा यानी ईसा मसीह।

कश्मीरी दरवाज़ा

अबू ज़फ़र सिराज्जुदीन बहादुर शाह

मिर्ज़ा ग़ालिब–

सात नवम्बर साले-हाल जुम्मे के दिन अबू ज़फर सिराज्जुदीन बहादुर शाह, क़ैदे-फ़िरंग-ओ-क़ैदे-जिस्म[1] से रिहा हो गये। परसों मैं सवार होकर कुँओं का हाल मालूम करने गया था। मस्जिद जामा होता हुआ राज घाट दरवाज़े को चला। मस्जिद जामा से राज घाट तक बे-मुबालग़ा[2] एक सहरा लक़-ओ-दक़[3] है। ईंटों के ढेर जो पड़े हैं अगर वो अगर उठ जायें तो हूका मकां[4] हो जाये। याद करो मिर्ज़ा गौहर के बाग़ीचे के इस जानिब को कई बाँस नशेब[5] था। अब वो बाग़ीचे के सहन[6] के बराबर हो गया है। यहाँ तक के राज घाट का दरवाज़ा बन्द हो गया, फ़सील[7] के कंगूरे[8] खुले रहे हैं, बाक़ी सब अट गया। कश्मीरी दरवाज़े का हाल तुम देख गये हो। अब आहनी सड़क[9] के रास्ते कलकत्ता दरवाज़े से क़ाबुली दरवाज़े तक मैदान हो गया है। पंजाबी कटरा, धोबी वाड़ा, रामजी गंज, सआदत ख़ाँ का कटरा, जरनैल की बीबी की हवेली, रामजी दास गोदाम वाले के मकानात, हवेली इनमें से किसी का भी पता नहीं मिलता। क़िस्सा-ए-मुख़्तसर शहर सेहरा हो गया था। अब जो कुएँ जाते रहे और पानी गौहर-ए-नायाब हो गया तो सहरा, सहरा-ए-कर्बला हो जायेगा। अल्लाह-अल्लाह दिल्ली न रही! और दिल्ली वाले अब तक यहाँ की ज़बान को अच्छा कहे जाते हैं। वाह रे हुस्ने-एतिक़ाद[10]! अरे बन्दा-ए-ख़ुदा! उर्दू बाज़ार न रहा उर्दू कहाँ! दिल्ली कहाँ! वल्लाह! अब ये शहर नहीं है कैम्प है, छावनी है। न क़िला, न शहर, न बाज़ार, न नहर। ओ मियाँ सय्यद-ज़ादा-ए-आज़ादा, दिल्ली के आशिक़े-दिल-दादा, ढहे हुए उर्दू बाज़ार के रहने वाले, हसद[11] से लखनऊ को बुरा

कहने वाले। न दिल में मेहरो-आज़र्म[12] ना आँख मे हया और शर्म। निज़ामुद्दीन ममनून कहाँ! जौक़ कहाँ! मोमिन ख़ाँ कहाँ! एक आज़ुर्दा[13] सो ख़ामोश, दूसरा ग़ालिब वो बेख़ुद व मदहोश।

ना सुख़नवरी[14] रही ना सुख़न-दानी[15]
किस बिरते पर तित्ता पानी

हाए दिल्ली! वाय दिल्ली!
भाड़ में जाये दिल्ली!

1. अंग्रेज़ों और ज़िन्दगी की क़ैद, 2. बिना किसी अतिरेक, 3. खँडहर, 4. सन्नाटा, 5. ढलान, 6. आँगन, 7. प्राचीर दीवार के ऊपर का हिस्सा, 8. दीवार पर बनाये गये अलंकरण, 9. लोहे की सड़क यानी रेल की पट्‌रियाँ, 10. आस्था, 11. ईर्ष्या से, 12. दयालुता, 13. पीड़ित/सताया हुआ, 14. ग़ज़ल लिखने का चलन, 15. ग़ज़लें सुनने वाले।

(गाने की आवाज़ उभरती है)

सब कहाँ! कुछ लाला-ओ-गुल[1] में नुमायाँ[2] हो गयी
ख़ाक में क्या सूरतें होंगी कि पिन्हा[3] हो गयी

नींद उसकी है दिमाग़ उसका है रातें उसकी हैं
तेरी जुल्फ़ें जिसके बाज़ू पे परेशाँ हो गयी

रंज[4] से ख़ूँ-दर[5] हुआ इंसाँ, तो मिट जाता है रंज
मुश्किलें मुझ पर पड़ी इतनी कि आसाँ हो गयी

मैं चमन में क्या गया गोया दबिस्ताँ[6] खुल गया
बुलबुलें सुनकर मिरे नाले ग़ज़लख़ाँ हो गयी

यूँ ही गर रोता रहा ग़ालिब, तो ऐ अहले-जहाँ[7]
देखना इन बस्तियों को तुम कि वीराँ हो गयी

---

1. ट्यूलिप का फूल 2. स्पष्ट, 3. अदृश्य, 4. दुख, 5. ख़ून में लिप्त, 6. स्कूल, 7. दुनिया वालों।

मिर्ज़ा ग़ालिब–

जाड़ा पड़ रहा है, हमारे पास शराब आज की और है। कल से रात को निरी अंगीठी पर गुज़ारा है। बोतल गिलास मौक़ूफ़! मियाँ किस हाल मे हो किस ख़याल में हो!

हज़रत-ए-नासेह गर आवें दीदा-ओ-दिल फ़र्श-ए-राह
कोई मुझको ये तो समझा दो के सयझावेंगे क्या?

कल शाम को मीरन साहब रवाना हुए, यहाँ उनके सुसराल में क़िस्से क्या-क्या न हुए। सास और सालियों ने और बीवी ने आँसुओं के दरिया बहा दिये। ख़ुश-दामन साहिब बलायें लेती हैं, सालियाँ खड़ी दुआएँ देती हैं, बीवी मानिन्द-ए-सूरत-ए-दीवार चुप[1]। जी चाहता है चीखने को मगर नाचार चुप। वो तो ग़नीमत था कि शहर वीरान, ना कोई जान ना पहचान, वरना हमसाया में क़यामत बर्पा हो जाती, हर एक नेक बख़्त[2] अपने घर से दौड़ी आती।

"ख़ाना ज़ादे ज़ुल्फ हैं ज़ंजीर से भागेंगे क्यूँ
हैं गिरफ़्तारे-वफ़ा जिन्दाँ से घबरावेंगे क्या"

"रौ[3] में है रख़्श-ए-उम्र[4] कहाँ देखिये थमे
न हाथ बाग पर है[5] न पा है रकाब में"

1. दीवार की तरह, 2. भाग्यशाली, 3. रफ़्तार, 4. समयरूपी घोड़ा, 5. लगाम।

(गाने की आवाज़ उभरती है)

हज़ारों ख़्वाहिशे ऐसी कि हर ख़्वाहिश पे दम निकले
बहुत निकले मिरे अरमान लेकिन फिर भी कम निकले

निकलना खुल्द[1] से आदम का सुनते आये हैं लेकिन
बहुत बे-आबरू होकर तिरे कूचे से हम निकले

मुहब्बत में नहीं है फ़र्क़ जीने और मरने का
उसी को देख कर जीते हैं जिस क़ाफिर पे दम निकले

खुदा के वास्ते पर्दा ना, काबे से उठा जालिम
कहीं ऐसा न हो याँ भी, वही क़ाफ़िर सनम निकले

कहाँ मयख़ाने का दरवाज़ा ग़ालिब और कहाँ वाईज़[2]
पर इतना जानते हैं कल, वो जाता था के हम निकले

---

1. स्वर्ग, 2. उपदेशक।

मिर्ज़ा ग़ालिब–

मेरा हाल सिवाये मेरे ख़ुदा और ख़ुदाबन्द के कोई नहीं जानता। आदमी कसरत-ए-ग़म से सौदाई हो जाते हैं, अक़्ल जाती रहती है। अगर इस हुजूम-ए-ग़म[1] में मेरी क़ुव्वत-ए-मुतफ़िक्करा[2] में फ़र्क़ आ गया हो तो क्या अजब है। पूछो के ग़म क्या है! हक़ीक़ी मेरा इक भाई दीवाना मर गया। उसकी बेटी उसके चार बच्चे उसकी माँ यानी मेरी भावज जयपुर में पड़े हुए हैं। इस तीन बरस में एक रुपया उनको नहीं भेजा। भतीजी क्या कहती होगी कि मेरा भी कोई चचा है! यहाँ अग़नियाँ और उमरा की अज़वाजो औलाद भीख माँगते फिरें और मैं देखूँ! इस मुसीबत की ताब लाने को जिगर चाहिए। अब ख़ास अपना दुख रोता हूँ। एक बीवी, दो बच्चे, तीन-चार आदमी घर के। कल्लू, कल्याण, अयाज़, ये बाहर। मदारी के जोरू-बच्चे ब-दस्तूर, गोया मदारी मौजूद हैं। मियाँ घुम्मन गये-गये महीना भर से आ गये कि भूखा मरता हूँ। अच्छा भाई, तुम भी रहो। एक पैसे की आमद नहीं है, बीस आदमी रोटी खाने वाले मौजूद। हमेशा एक फ़िक्र बराबर चली आती है, आदमी हूँ, देव नहीं, भूत नहीं, इन रंजों का तहम्मुल[3] क्यों कर करूँ, बुढ़ापा जौफ़-ए-कुवआ[4] अब मुझे देखो तो जानों कि मेरा क्या रंग है। शायद कोई दो-चार घड़ी बैठता हूँ वरना पड़ा रहता हूँ। गोया साहिब-ए-फ़राश[5] हूँ। ना कहीं जाने का ठिकाना ना कोई मिरे पास आने वाला।

शहर चुपचाप! ना कहीं फावड़ा बजता है ना सुरंग लगा कर कोई मकान उड़ाया जाता है। ना आहनी सड़क आती है ना कहीं दमदमा बजता है। दिल्ली शहर-ए-ख़ामोशा हैं। सबसे

बढ़कर आमद-आमद गौरमेंट का हंगामा है। दरबार जाता था ख़िलअत-ए-फ़ाख़ेरा[6] पाता था, वो सूरत अब नज़र नहीं आती। अब महीने भर से ये हाल है के जो दोस्त आते हैं, रस्मी पुर्सिश-ए-मिजाज़[7] से बढ़कर जो बात होती है वो काग़ज़ पर लिख देते हैं। ना मक़बूल[8] हूँ, ना मरदूद[9] हूँ, ना बेगुनाह हूँ, ना गुनाहगार हूँ, ना मुख़्बिर[10], ना मुफ़्सिद[11]।

"रखियो ग़ालिब मुझे इस तल्ख़नवाई[12] से मुआफ़
आज कुछ दर्द मेरे दिल मे सिवा होता है"

"हुए मर के हम जो रूसवा हुए क्यों ना ग़र्क़-ए-दरिया
ना कभी जनाज़ा उठता, ना कहीं मज़ार होता"

1. दुखों का मजमा, 2. सोचने की ताक़त, 3. बर्दाश्त, 4. जिस्म की कमज़ोरी, 5. बिस्तर पर बिछा रहने वाला व्यक्ति, 6. उत्कृष्ट सम्मान, 7. हाल-चाल पूछना, 8. प्रसिद्ध, 9. दुतकारा हुआ, 10. जासूस, 11. उपद्रवी, 12. कड़वे बोल।

मिर्ज़ा ग़ालिब–

यहाँ ख़ुदा से भी तवक़्क़ो[1] बाक़ी नहीं मख़लूक़[2] का क्या ज़िक्र। कुछ बन नहीं आती, अपना आप तमाशाई बन गया हूँ। रंज-ओ-ज़िल्लत से ख़ुश होता हूँ। यानी मैंने अपने को अपना ग़ैर-तसव्वुर[3] किया है। जो दुख मुझे पहुँचता है, कहता हूँ लो ग़ालिब के एक और जूती लगी! बहुत इतराता था के मैं बड़ा शायर और फ़ारसीदाँ हूँ। आज दूर-दूर तक मेरा जवाब नहीं है। ले अब तू क़र्जदारों को जवाब दे! आइए नज्मुद्दौला बहादुर, एक क़र्ज दार का गिरेबान में हाथ, एक क़र्जदार भोग सुना रहा है। मैं उनसे पूछ रहा हूँ अजी हज़रत नवाब साहब ये क्या बे-हुर्मती हो रही है? कुछ तो उक्सो! कुछ तो बोलो! बोले क्या, बे-हया, बे-ग़ैरत! कोठी से शराब, गन्धी से गुलाब, बजाज से कपड़ा, मेवा फ़रोश से आम, सर्राफ़[4] से दाम क़र्ज लिए जाता है। ये भी तो सोचा होता कहाँ से दूँगा।

"क़र्ज़ की पीते थे मय लेकिन समझते थे कि हाँ
रंग लायेगी हमारी फ़ाक़ा मस्ती[5] एक दिन"

फिर जब सख़्त घबराता हूँ और तंग आता हूँ
तो ये मिसरा पढ़कर चुप हो जाता हूँ–

"अय मर्ग-ए-नागहां[6] तुझे क्या इंतज़ार है!"

"ज़िन्दगी जब अपनी इस शक्ल से गुज़री ग़ालिब
हम भी क्या याद करेंगे कि ख़ुदा रखते थे"

---

1. उम्मीद, 2. प्राणी, 3. अपने से अलग सोचना, 4. सुनार, 5. उपवास, 6. अचानक से आने वाली मौत।

(गाने की आवाज़ उभरती है)

ना था कुछ तो ख़ुदा था, कुछ ना होता तो ख़ुदा होता
डुबोया मुझको होने ने, ना होता मैं तो क्या होता

हुआ जब ग़म से यूँ बेहिस[1], तो ग़म क्या सर के कटने का
ना होता गर जुदा तन से, तो ज़ानों[2] पर धरा होता

हुई मुद्दत कि ग़ालिब मर गया, पर याद आता है
वो हर इक बात पे कहना, कि यूँ होता तो क्या होता

1. धराशायी, 2. घुटने।

ग़ालिब की मुहर।

بھائی سے دو سوال ہیں ایک تو یہ کہ
مجموعۂ نثر کے خاتمہ کو کیا کروں وہ مبنی تھا
اس حقیقت پر کہ نولکشور نواب ضیاء الدولہ کے
سے وہ کل انطباع کے لیگیا جب یہ واقع نہ ہوا
تو اب اوسکو نکال ڈالوں اور اوسکی جوگہ
نثر ہیں اور بھی وہ لکھ دوں ۱۲

اوراق اشعار مرحوم زین العابدین خان مستعار
ہیں اس واسطے تم اپنے ہاں کے مجموعہ سے
تصحیح اسکی کرلو پھر یہ امر واقع ہوا یا ہونے
والا ہے ۱۲

ترجمۂ ابو الفدا کی جلد دلّی پہنچی ہے ۱۲

جواب کا طالب غالب ۱۲

फारसी में लिखा ग़ालिब का पत्र

قبلہ آپکو خط کے پہنچنے میں تردد کیوں ہوتا ہے ہر ہفتہ میں چار خط اطراف و
جوانب سے آتے ہیں گاہ گاہ انگریزی بھی اور ڈاک کے ہرکارے میرا گھر جانتے ہیں۔
پوسٹ ماسٹر میرا آشنا ہے مجکو بدرستہ خط پہنچتا ہے وہ صرف شہر کا نام
اور میرا نام لکھا ہے محلہ بھی ضرور نہیں آپ سے ازراہ انصاف کہ میرا آپ بلکل کیوں
لکھتے رہے اور مجکو نہ مارو نہیں خط بھیجا کہ یہ اب آپنے حکیم کالی کا نام
کیا لکھا ہے اس غربت کدے تو شہر میں کوئے جانتا بھی نہیں خلاصہ یہہ کہ خط
الکا کوئے تلف ہوا جو آپنے بھیجا وہ مجکو پہنچا جواب کے لکہنے میں جو میرے
طرف سے قصور واقع ہوتا ہے اوسکے دو سبب ہیں ایک تو یہہ کہ حضرت بھیا
بہی نو بتے لکھتے ہیں میں کہاں تک یاد رکھا کروں ایک مکان ہو تو اوسکو
لکھہ رکھوں دوسرا سبب یہہ کہ توقیعہ خطوط کا جواب کہاں تک لکھوں اور کیا
لکھوں میں نے آئین نامہ نگاری چھوڑ کر مطلب نویسی پر مدار رکھا ہے

جب مطلب ضروری ہو [illegible] اب آپکے خطوں میں نہ مطلب نہ جواب طلب [illegible]

ग़ालिब द्वारा लिखा गया पत्र।

ग़ालिब की कुछ
और
चुनिन्दा ग़ज़लें

"मोहब्बत में नहीं है फ़र्क जीने और मरने का
उसी को देखकर जीते हैं जिस काफ़िर पे दम निकले।"

–मिर्ज़ा ग़ालिब

फिर मुझे दीदा-ए-तर[1] याद आया
दिल, जिगर तिश्ना-ए-फ़रियाद[2] आया

दम लिया था न क़यामत[3] ने हनोज़[4]
फिर तिरा वक़्ते-सफ़र[5] याद आया

सादगी-हाए-तमन्ना[6], यानी
फिर वो नैरंगे-नज़र[7] याद आया

उज़्रे-वामान्दगी[8] ऐ हसरते-दिल[9]
नाला[10] करता था, जिगर याद आया

ज़िन्दगी यूँ भी गुज़र ही जाती
क्यूँ तिरा राहगुज़र[11] याद आया

क्या ही रिज़्वां[12] से लड़ाई होगी!
घर तिरा ख़ुल्द[13] में गर याद आया

आह, वो जुरअते-फ़िरियाद[14] कहाँ
दिल से तंग आ के, जिगर याद आया

1. भीगी हुई आँखें; 2. नाभि तक प्यास, आर्त्तनाद की तीव्र तृष्णा; 3. प्रलय; 4. अब तक; 5. प्रवास, यात्रा का समय; 6. इच्छा की सरलता; 7. दृष्टि का सौन्दर्य; 8. थकान का बहाना; 9. मन की अभिलाषा; 10. आर्त्तनाद; 11. रास्ता (स्त्रीलिंग और पुल्लिंग दोनों तरह प्रयुक्त); 12. स्वर्ग-उद्यान का द्वारपाल; 13. स्वर्ग; 14. परिवाद का दुस्साहस।

फिर तिरे कूचे[15] को जाता है ख़याल
दिल-गुमगश्ता[16] मगर याद आया

कोई वीरानी[17]-सी वीरानी है
दश्त[18] को देख के घर याद आया

मैंने मजनूं पे लड़कपन में 'असद'
संग[19] उठाया था कि सर याद आया

15. गली; 16. खोया हुआ दिल; 17. निर्जनता; 18. जंगल; 19. पत्थर।

मैं उन्हें छेड़ूँ और वो कुछ न कहें
चल निकलते[1] जो मय पिये होते

क़हर[2] हो या बला[3] हो जो कुछ हो
काश कि तुम मिरे लिए होते

मेरी क़िस्मत में ग़म गर इतना था
दिल भी या रब! कई दिये होते

आ ही जाता वो राह पर 'ग़ालिब'
कोई दिन गर और भी जिए होते

1. गर्व करना, धृष्ट एवं अशिष्ट होना; 2. प्रकोप; 3. आपत्ति।

कोई उम्मीद[1] बर नहीं आती[2]
कोई सूरत[3] नज़र नहीं आती

मौत का एक दिन मुअय्यन[4] है
नींद क्यूँ रात भर नहीं आती

आगे आती थी हाले-दिल पे हँसी
अब किसी बात पर नहीं आती

जानता हूँ सवाबे-ता'अतो-ज़हद्[5]
पर तबीअत[6] इधर नहीं आती

है कुछ ऐसी ही बात, जो चुप हूँ
वर्ना क्या बात कर[7] नहीं आती

क्यूँ न चीखूँ कि याद करते हैं
मेरी आवाज़ गर नहीं आती

दाग़े-दिल[8] गर नज़र नहीं आता
बू[9] भी ऐ चारागर[10] नहीं आती

हम वहाँ हैं जहाँ से हम को भी
कुछ हमारी ख़बर नहीं आती

मरते हैं आरज़ू[11] में मरने की
मौत आती है पर नहीं आती

का'बा किस मुँह से जाओगे 'ग़ालिब'
शर्म तुमको मगर[12] नहीं आती

---

1. आशा; 2. पूरी न होना; 3. उपाय; 4. निश्चित; 5. वंदना एवं वैराग्य का पुण्य; 6. मन; 7. 'करनी' का लघु रूप 8. हृदय का दुख; 9. गन्ध; 10. उपचार करने वाला; 11. इच्छा; 12. शायद।

इश्क़ मुझ को नहीं, वहशत[1] ही सही
मेरी वहशत तेरी शोहरत[2] ही सही

क़त्अ[3] कीजे न तअल्लुक़[4] हम से
कुछ नहीं है तो अदावत[5] ही सही

मेरे होने में है क्या रुस्वाई[6]?
ऐ! वो मजलिस[7] नहीं, ख़ल्वत[8] ही सही

हम भी दुश्मन तो नहीं हैं अपने!
ग़ैर को तुझ से मुहब्बत ही सही

अपनी हस्ती[9] ही से हो, जो कुछ हो
आगही[10] गर नहीं, ग़फ़लत[11] ही सही

उ'म्र हरचन्द[12] कि है बर्क़-ख़िराम[13]
दिल के ख़ूं करने की फ़ुरसत ही सही

हम कोई तर्के-वफ़ा[14] करते हैं!
न सही इश्क़, मुसीबत ही सही

1. उन्माद; 2. प्रसिद्धि; 3. काटना, विच्छेद; 4. संबंध; 5. वैमनस्य, वैर; 6. बदनामी; 7. सबके सामने, सभा; 8. एकांत; 9. अस्तित्व; 10. चेतना; 11. अचेतना; 12. यद्यपि; 13. तड़ित (बिजली) की गति से; 14. प्रेम का परित्याग।

दाइम[1] पड़ा हुआ तिरे दर पर नहीं हूँ मैं
ख़ाक ऐसी ज़िन्दगी पे कि पत्थर नहीं हूँ मैं

क्यूँ गर्दिशे-मुदाम[2] से घबरा न जाए दिल?
इंसान हूँ, पियाला-ओ-सागर[3] नहीं हूँ मैं

या रब! ज़माना मुझको मिटाता है किसलिए?
लोहे-जहाँ[4] पे हर्फ़े-मुक़र्रर[5] नहीं हूँ मैं

हद चाहिए सज़ा में अक़ूबत[6] के वास्ते
आख़िर गुनाहगार हूँ काफ़िर[7] नहीं हूँ मैं

किस वास्ते अज़ीज़ नहीं जानते मुझे?
ला'लो-ज़मर्रुदो-ज़रो-गौहर[8] नहीं हूँ मैं

रखते हो तुम क़दम मिरी आँखों से क्यूँ दरीग़?[9]
रुतबे[10] में मेहरो-महा[11] से कमतर नहीं हूँ मैं

करते हो मुझ को मनअ-ए-क़दमबोस[12] किसलिए?
क्या आसमान के भी बराबर नहीं हूँ मैं?

'ग़ालिब'! वज़ीफ़ा-ख़्वार[13] हो, दो शाह को दुआ
वो दिन गए कि कहते थे; 'नौकर नहीं हूँ मैं

---

1. शाश्वत, हमेशा; 2. नित्य परेशानी; 3. ऐसा मदिरापात्र जो सबके आगे घूमता है, लाया जाता है; 4. संसार रूपी पृष्ठ; 5. दुहराया जाने वाला अक्षर; 6. दुख, कष्ट; 7. अकृतज्ञ, जो भगवान की कृपा को न माने; 8. लाल, पन्ना, सोना और मोती; 9. संकोच; 10. पद; 11. सूरज और चाँद; 12. पैर चूमने से रोकना; 13. पेंशन भोगी, वृत्ति पाने वाला।

कोई दिन गर ज़िन्दगानी[1] और है
अपने जी[2] में हम ने ठानी[3] और है

आतिशे-दोज़ख़[4] में ये गर्मी कहाँ
सोज़े-ग़म-हाए-निहानी[5] और है

बारहा[6] देखी हैं उनकी रंजिशें[7]
पर कुछ अब के सरगिरानी[8] और है

दे के ख़त, मुँह देखता है नामबर[9]
कुछ तो पैग़ामे-ज़बानी[10] और है

क़ात-ए--आमार[11] हैं अक्सर नुजूम[12]
वो बला-ए-आस्मानी[13] और है

हो चुकीं 'ग़ालिब' बलाएँ[14] सब तमाम[15]
एक मर्गे-नागहानी[16] और है

1. जीवन; 2. दिल, मन; 3. संकल्प करना; 4. नर्क की अग्नि; 5. अंतर्मन के संताप की पीड़ा; 6. प्राय: अक्सर' 7. मनोमालिन्य; 8. रोष, खिन्नता; 9. पत्रवाहक; 10. मौखिक सन्देश; 11. आयु को क्षीण करने वाला; 12. तारे; 13. आकाश की विपदा; 14. विपदाएँ; 15. पूर्ण, समाप्त; 16. अकस्मात् मृत्यु।

९०

चाहिए अच्छों को, जितना चाहिए
ये अगर चाहें तो फिर क्या चाहिए

सोहबते-रिन्दां[1] से वाजिब[2] है हज़र[3]
जा-ए-मय[4] अपने को खेंचा चाहिए

चाहने को तेरे क्या समझा था दिल
बारे[5], अब इससे भी समझा चाहिए

चाक[6] मत कर जेब[7] बेअय्यामे-गुल[8]
कुछ उधर का भी इशारा चाहिए

दोस्ती का पर्दा है बेगानगी[9]
मुँह छुपाना हम से छोड़ा चाहिए

दुश्मनी ने मेरी खोया ग़ैर को
किस क़दर दुश्मन है देखा चाहिए

अपनी रुस्वाई[10] में क्या चलती है स'ई[11]
यार ही हंगामा-आरा[12] चाहिए

---

1. मद्यपों की संगत; 2. उचित, आवश्यक; 3. परहेज़ बचाव; 4. मदिरा की जगह; 5. अंतत; 6. विदीर्ण; 7. कुर्ते की कंठी; 8. पुष्प-ऋतु रहित; 9. अनजानापन; 10. अनादर, तिस्कार; 11. प्रयास प्रयत्न; 12. उपद्रवी।

कहूँ जो हाल तो कहते हो मुद्द'आ[1] कहिए
तुम्हीं कहो कि जो तुम यूँ कहो तो क्या कहिए

न कहियो तान'[2] से फिर तुम कि हम सितमगर[3] हैं
मुझे तो ख़ू[4] है, कि जो कुछ कहो, बजा[5] कहिए

वो नेश्तर[6] सही, पर दिल में जब उतर जावे
निगाहे-नाज़[7] को फ़िर क्यूँ न आश्ना[8] कहिए

नहीं ज़रीआ-ए-राहत[9] जराहते-पैकां[10]
वो ज़ख्मे-तेग़[11] है, जिसको कि दिलकुशा[12] कहिए

जो मुद्द'ई[13] बने उसके न मुद्द'ई बनिए
जो नासज़ा कहे, उसको न नासज़ा[14] कहिए

कहीं हक़ीक़ते-जांकाही-ए-मरज़[15] लिखिए
कहीं मुसीबते-नासाज़ी-ए-दवा[16] कहिए

कभी शिकायते-रंजे-गिरां-नशीं[17] कीजे
कभी हिकायते-सब्रे-गुरेज़-पा[18] कहिए

1. उद्देश्य, आशय; 2. व्यंग्य; 3. अत्याचारी; 4. स्वभाव, आदत, 5. ठीक, उचित; 6. घाव को खोलने का औजार; 7. गर्व भरी दृष्टि; 8. परिचित; 9. सुख-चैन का साधन; 10. तीर का घाव; 11. तलवार का घाव; 12. दिल को खोलने वाला, हर्षवर्धक; 13. वादी, दावा करने वाला, दुश्मन; 14. निकृष्ट; 15. रोग के कष्ट की वास्तविकता; 16. दवा के असर न करने की दुविधा, दुख; 17. जमकर बैठने वाले दुख की उलाहना; 18. दौड़ते हुए संतोष की कथा।

रहे न जा, तो क़ातिल को खूं-बहा दीजे
कटे ज़बान, तो ख़ंजर को मरहबा[19] कहिए

नहीं निगार[20] को उल्फ़त[21], न हो, निगार तो है
रवानी-ए-रविशो-मस्ती-ए-अदा[22] कहिए

नहीं बहार को फ़ुर्सत, न हो, बहार तो है
तरावते-चमनो-खूबी-ए-हवा[23] कहिए

सफ़ीना[24] जबकि किनारे पे आ लगा 'ग़ालिब'
खुदा से क्या सितमो-जोरे-नाखुदा[25] कहिए

---

19. साधुवाद; 20. रूपसी; 21. प्रेम; 22. मंदगति का सौंदर्य एवं हाव-भाव की उन्मुक्तता; 23. उद्यान की ठण्डक एवं हवा की श्रेष्ठता (विशेषता); 24. नाव; 25. नाविक के अत्याचार एवं अन्याय।

है बस कि हर इक उनके इशारे[1] में निशां[2] और
करते हैं मुहब्बत तो गुज़रता है गुमां[3] और

या रब! वो न समझे हैं न समझेंगे मिरी बात
दे और दिल उनको जो न दे मुझको ज़बां और

अबरू[4] से है क्या उस निगहे-नाज़[5] को पैवन्द[6]?
है तीर मुक़र्रर[7], मगर इसकी है कमां और

तुम शहर में हो, तो हमें क्या ग़म, जब उठेंगे
ले आएंगे बाज़ार से जा कर दिलो-जां और

हरचन्द[8] सुबुकदस्त[9] हुए बुतशिकनी[10] में
हम हैं तो अभी राह में है संगे-गिरां[11] और

है ख़ूने-ज़िगर जोश[12] में, दिल खोल के रोता
होते जो कई दीदा-ए-ख़ूंनाबा फ़िशां[13] और

मरता हूँ इस आवाज़ पे, हरचन्द सर उड़ जाए
जल्लाद को लेकिन वो कहे जाएँ कि हाँ और

---

1. हावभाव; 2. अर्थ; 3. सन्देह, भाँति; 4. भौंह; 5. गर्व भरीं दृष्टि; 6. संबंध; 7. अवश्य; 8. यद्यपि, 9. सिद्ध हस्त; 10. मूर्ति-खण्डन, 11. भारी पत्थर; 12. आवेग; 13. रक्त टपकाने वाली आँखें।

लोगों को है ख़ुर्शीदे-जहांताब[14] का धोका[15]
हर रोज़ दिखाता हूँ मैं इक दाग़े-निहां[16] और

लेता न अगर दिल तुम्हें देता कोई दम चैन
करता जो न मरता कोई दिन, आहो-फ़ुग़ां[17] और

पाते नहीं जब राह तो चढ़ जाते हैं, नाले
रुकती है मिरी तबअ[18] तो होती है रवां और

हैं और भी दुनिया में सुख़नवर[19] बहुत अच्छे
कहते हैं कि 'ग़ालिब' का है अन्दाज़े-बयां[20] और

14. जग की आलोकित करने वाला सूर्य; 15. भ्रम; 16. छुपा हुआ दुख, चित्र; 17. विलाप एवं आर्त्तनाद; 18. प्रकृति स्वभाव; 19. काव्य करने वाले कवि; 20. वर्णन-शैली।

दिया ये दिल अगर उसको बशर[1] है, क्या कहिए
हुआ रक़ीब[2] तो हो नामाबर[3] है, क्या कहिए

ये ज़िद कि आज न आवें और आए बिन न रहे
क़ज़ा[4] से शिकवा[5] हमें किस क़दर है क्या कहिए

रहे हैं यूँ गहो-बे-गह[6] कि कू-ए-दोस्त[7] को अब
अगर न कहिए कि दुश्मन का घर है, क्या कहिए

ज़हे करिश्मा[8] कि यूँ दे रखा है हम को फ़रेब[9]
कि बिन कहे ही उन्हें सब ख़बर है, क्या कहिए

समझ के करते हैं, बाज़ार में वो पुर्सिशे-हाल[10]
कि ये कहे कि सरे-रहगज़र[11] है, क्या कहिए

तुम्हें नहीं है सरे-रिश्ता-ए-वफ़ा[12] का ख़याल
हमारे हाथ में कुछ है, मगर है क्या कहिए

उन्हें सवाल पे ज़ोमे-जुनूं[13] है क्यूँ लड़िए
हमें जवाब से क़त'ए-नज़र[14] है, क्या कहिए

1. इंसान; 2. प्रतिद्वन्द्वी; 3. पत्र वाहक; 4. मृत्यु; 5. उलाहना; 6. समय-असमय; 7. प्रिय की गली; 8. छल, चमत्कार तो देखो; 9. धोखा; 10. कुशल क्षेम पूछना; 11. बीच रास्ते में; 12. प्रेम-निर्वाह के सम्बन्ध का; 13. उन्माद का भ्रम; 14. अनदेखी;

हसद[15] सज़ा-ए-कमाले-सुख़न[16] है क्या कीजे
सितम बहा-ए-मता'ए-हुनर[17] है क्या कहिए

कहा है किसने कि 'ग़ालिब' बुरा नहीं लेकिन
सिवाय इसके कि आशुफ़्ता-सर[18] है क्या कहिए

15. जलन; 16. काव्य-कला की पूर्णता का दण्ड; 17. अन्याय कला की सम्पत्ति का मूल्य; 18. सरफिरा, उन्मादी।

धमकी में मर गया, जो न बाबे-नबर्द[1] था
इश्क़े-नबर्द-पेशा[2] तलबगारे-मर्द[3] था

था ज़िन्दगी में मर्ग[4] का खटका लगा हुआ
उड़ने से पेशतर[5] भी मिरा रंग ज़र्द[6] था

तालीफ़[7] नुस्ख़ः-हाए-वफ़ा[8] कर रहा था मैं
मज्मूअः-ए-ख़्याल[9] अभी फ़र्द-फ़र्द[10] था

दिल ता जिगर[11] कि साहिले-दरिया-ए-ख़ूं[12] है अब
इस रहगुज़र[13] में जल्वः-ए-गुल[14] आगे गर्द[15] था

जाती है कोई कश्मकंश[16] अन्दोहे-इश्क़[17] की
दिल भी अगर गया, तो वही दिल का दर्द था

अहबाब[18] चारासाज़ी-ए-वहशत[19] न कर सके
ज़िन्दां[20] में भी ख़्याल बयावां-नवर्द[21] था

ये लाश बेकफ़न[22] 'असदे'-ख़स्तः जां[23] की है
हक़ मग़फ़रित[24] करे अजब[25] आज़ाद मर्द था

1. युद्ध के योग्य; 2. कठिनाइयों या युद्ध से आनन्दित होने वाला प्रेम; 3. बहादुर का इच्छुक; 4. मृत्यु; 5. पूर्व, पहले; 6. पीला; 7. सम्पादन; 8. प्रेम-प्रतिज्ञा की पाण्डुलिपि; 9. विचारों की पुस्तक (संग्रह); 10. बिखरा हुआ, टुकड़े-टुकड़े; 11. दिल से जिगर तक; 12. रक्त-सागर का तट; 13. पथ; 14. फूलों की छवि, बसन्त; 15. तुच्छ, निरर्थक; 16. ऊहापोह; 17. प्रेम के दुख; 18. हबीब = मित्र, का बहुवचन; 19. उन्माद का निदान; 20. कारागृह; 21. जंगल में घूमने वाला; 22. बेकफ़न लाश; 23. असद ('ग़ालिब' से पहले का उपनाम) निढ़ाल; 24. ईश्वर मोक्ष दे; 25. अद्भुत।

कहते हो 'न देंगे हम, दिल अगर पड़ा पाया'
दिल कहां कि गुम कीजे, हम ने मुद्दआ[1] पाया

इश्क़ से तबीअत ने ज़ीस्त[2] का मज़ा पाया
दद की दवा पाई, दर्दे-बेदवा[3] पाया

दोस्तदारे-दुश्मन[4] है, एतिमादे-दिल[5] मालूम
आह[6] बेअसर[7] देखी, नाला[8] नारसा[9] पाया

सादगी-ओ-पुरकारी[10] बेख़ुदी-ओ-हुशियारी[11]
हुस्न को तग़ाफ़ुल[12] में जुरअतआज़मा[13] पाया

गुंचा फिर लगा खिलने, आज हमने अपना दिल
ख़ूं किया हुआ देखा, गुम किया हुआ पाया

हाले-दिल[14] नहीं मालूम, लेकिन इस क़द्र, यानी
हम ने बारहा[15] ढूँढ़ा, तुम ने बारहा पाया

शोरे-पिन्दे-नासेह[16] ने ज़ख़्म पर नमक छिड़का
आप से कोई पूछे 'तुम ने क्या मज़ा पाया'

1. आशय; 2. जीवन; 3. बिना दवा का दर्द; 4. दुश्मन का मित्र; 5. दिल का भरोसा; 6. आर्त्तनाद; 7. प्रभावहीन; 8. हूक, आर्तनाद; 9. जिसकी पहुँच न हो, प्रभावहीन; 10. सरलता व चालाकी; 11. आत्मविस्मृति और सजगता; 12. उपेक्षा; 13. साहस आज़माने वाला; 14. मनःस्थिति; 15. बार-बार फ़ारसी में 'हाँ' बहुवचन या अधिसंख्य के लिए प्रयोग होता है; 17. उपदेशक के उपदेश का शोर।

ये हम जो हिज्र[1] में दीवरो-दर को देखते हैं
कभी सबा[2] को, कभी नामाबर[3] को देखते हैं

वो आए घर में हमारे, ख़ुदा की क़ुदरत है
कभी हम उन को, कभी अपने घर को देखते हैं

नज़र लगे न कहीं उस के दस्तो-बाज़ू[4] को
ये लोग क्यूँ मिरे ज़ख़्मे-जिगर को देखते हैं

तिरे जवाहरे-तरफ़े-कुलहा[5] को क्या देखें
हम ओजे-ताले-लालो-गुहर[6] को देखते हैं

1. बिछोह; 2. हवा; 3. पत्रवाहक; 4. हाथ और बाँह; 5. टोपी में जड़े हुए रत्न; 6. हीरे-मोती के भाग्य की ऊँचाई।

नहीं कि मुझ को क़यामत[1] का एतिक़ाद[2] नहीं
शबे-फ़िराक़[3] से, रोज़े-जज़ा[4] ज़ियाद[5] नहीं

कोई कहे कि शबे-मह[6] में क्या बुराई है
बला से, आज अगर दिन को अब्रो-बाद[7] नहीं

जो आऊँ सामने उन के, तो मरहबा[8] न कहें
जो जाऊँ वाँ से कहीं को, तो ख़ैर बाद[9] नहीं

कभी जो याद भी आता हूँ मैं, तो कहते हैं
कि आज बज़्म में कुछ फ़ित्ना-ओ-फ़साद[10] नहीं

अलावा ईद के मिलती है और दिन भी शराब
गदा-ए-कूचा-ए-मयाख़ाना[11] नामुराद नहीं

जहां में हो ग़मो-शादी[12] बहम[13], हमें क्या काम?
दिया है हम को खुदा ने वो दिल के शाद[14] नहीं

तुम उनके वा'दे का ज़िक्र उनसे क्यूँ करो 'ग़ालिब'
ये क्या कि तुम कहो, और वो कहें कि 'याद नहीं'

1. प्रलय; 2. विश्वास; 3. विरह रात्रि; 4. अन्तिम न्याय का दिन; 5. ज़्यादा; 6. चाँदनी रात; 7. घटाएँ और हवाएँ; 8. सुस्वागत; 9. विदाई पर किया जाने वाला शुभ सम्बोधन; 10. उपद्रव; 11. मदिरालय की गली का भिखारी; 12. दुख एवं सुख; 13. एक साथ; 14. खुश।

तुम जानो, तुम को ग़ैर[1] से जो रस्मो-राह[2] हो
मुझ को भी पूछते रहो, तो क्या गुनाह हो?

बचते नहीं मुआख़ज़ा-ए-रोज़े-हश्र[3] से
क़ातिल अगर रक़ीब[4] है, तो तुम गवाह हो

क्या वो भी बेगुनहकुशो-हक़-नाशनास[5] हैं?
माना कि तुम बशर[6] नहीं, ख़ुर्शीदो-माह[7] हो

उभरा हुआ नक़ाब में है उनके एक तार
मरता हूं मैं कि ये न किसी की निगाह हो

जब मयकदा[8] छुटा, तो फिर अब क्या जगह की क़ैद
मस्जिद हो, मदूरसा[9] हो, कोई ख़ानक़ाह[10] हो!

सुनते हैं जो वहिश्त[11] की ता'रीफ़, सब दुरुस्त[12]
लेकिन ख़ुदा करे वो तिरा जल्वागाह[13] हो

'ग़ालिब' भी गर न हो, तो कुछ ऐसा ज़रर[14] नहीं
दुनिया हो या रब! और मिरा बादशाह हो

1. अन्य, प्रतिद्वन्द्वी; 2. मेल-जोल; 3. प्रलय-दिवस की पकड़; 4. प्रतिद्वन्द्वी; 5. निरपराधियों को मारने वाला तथा वास्तविकता को न पहचानने वाला; 6. आदमी; 7. चाँद और सूर्य; 8. मदिरालय; 9. पाठशाला; 10. सूफ़ियों का निवास-स्थान, आश्रम; 11. स्वर्ग; 12. ठीक; 13. दर्शन-स्थल; 14. हानि।

सादगी पर उसकी, मर जाने की हसरत[1] दिल में है
बस नहीं चलता, कि फिर ख़ंजर[2] कफ़े-क़ातिल[3] में है

देखना तक़रीर[4] की लज़्ज़त[5], कि जो उसने कहा
मैंने ये जाना कि गोया[6] ये भी मेरे दिल में है

गर्चे है किस-किस बुराई से, वले बा-ई-हमा[7]
ज़िक्र[8] मेरा मुझ से बेहतर है, कि उस महफ़िल में है

बस, हुजूमे-नाउमीदी[9], ख़ाक[10] में मिल जाएगी
ये जो इक लज़्ज़त हमारी सई'-ए-बेहासिल[11] में है

रंजे-रह[12] क्यूँ खेंचिए, वामांदगी[13] को इश्क़ है
उठ नहीं सकता, हमारा जो क़दम मंज़िल में है

जल्वाज़ारे-आतिशे-दोज़ख़[14] हमारा दिल सही
फितना-ए-शोरे-क़यामत[15] किस के आबो-गिल[16] में है

है दिले-शोरीदा[17]-ए-'ग़ालिब', तिलिस्मे-पेचो-ताब[18]
रहम[19] कर अपनी तमन्ना[20] पर कि किस मुश्किल में है।

---

1. अभिलाषा; 2. कटार; 3. हत्या करने वाले (प्रेयसी) की हथेली; 4. भाषण, वार्त्ता; 5. आनन्द; 6. जैसे कि; 7. किन्तु इस सबके उपरान्त; 8. चर्चा; 9. निराशा का समूह; 10. धूल, मिट्टी; 11. असफल प्रयत्न; 12. पथ की पीड़ा; 13. थकन विश्राम; 14. नर्क की अग्नि से भरपूर; 15. प्रलय के कोलाहल का हंगामा; 16. पानी एवं मिट्टी; 17. आतुर, उद्विग्न हृदय; 18. दुख एवं व्यथा का जादू; 19. दया; 20. कामना।

कभी नेकी भी उसके जी में गर आ जाए है मुझसे
जफ़ाएं[1] कर के अपनी याद शरमा जाए है मुझसे

खुदाया जज़्ब-ए-दिल[2] की मगर[3] तासीर[4] उल्टी है
कि जितना खेंचता हूँ और खिंचता जाए है मुझसे

वो बदखू[5] और मेरी दास्ताने-इश्क़[6] तूलानी[7]
इबारत मुख़्तसर,[8] क़ासिद[9] भी घबरा जाए है मुझसे

उधर वो बदगुमानी[10] है, इधर ये नातवानी[11] है
न पूछा जाए है उससे, न बोला जाए है मुझसे

संभलने दे मुझे ऐ नाउमीदी[12], क्या क़यामत[13] है
कि दामाने-ख़याले-यार[14] छूटा जाए है मुझसे

तकल्लुफ़ बर तरफ़[15] नज़्ज़ारगी[16] में भी सही, लेकिन
वो देखा जाए[17], कब ये जुल्म देखा जाए है मुझसे

हुए हैं पांव ही पहले नबर्दे-इश्क़[18] में ज़ख़्मी
न भागा जाए है मुझसे, न ठहरा जाए है मुझसे

क़यामत है कि होवे मुद्द'ई[19] का हमसफ़र[20] 'गालिब'
वो काफ़िर जो खुदा को भी न सौंपा जाए है मुझसे

1. अत्याचार; 2. मनोभाव; 3. शायद; 4. प्रभाव; 5. बुरे स्वभाव का; 6. प्रेम कथा; 7. लम्बी, दीर्घ; 8. संक्षिप्त वर्णन के लिए प्रयोग में आता है; 9. सन्देशवाहक; 10. मिथ्या सन्देह; 11. निर्बलता; 12. निराशा; 13. आपत्ति, कठिनाई; 14. प्रेयसी की कल्पना का आंचल; 15. संकोच को हटाकर; 16. दर्शन करना; 17. लोग उसे देखे; 18. प्रेम के संघर्ष; 19. प्रतिद्वन्दी; 20. सहयात्री।

की वफ़ा हम से तो ग़ैर उसको जफ़ा[1] कहते हैं
होती आई है कि अच्छों को बुरा कहते हैं

आज हम अपनी परीशानी-ए-ख़ातिर[2] उनसे
कहने जाते तो हैं पर देखिए क्या कहते हैं

अगले वक़्तों के हैं ये लोग इन्हें कुछ न कहो
जो मयो-नग़्मा[3] को अन्दोहरुबा[4] कहते हैं

दिल में आ जाए है होती है जो फ़ुर्सत ग़श[5] से
और फिर कौन से नाले को रसा[6] कहते हैं

है परे सरहदे-इद्राक[7] से अपना मस्जूद[8]
क़िब्ले[9] को अहले-नज़र[10] क़िब्लानुमा[11] कहते हैं

पा-ए-अफ़गार[12] पे जब से तुझे रहम आया है
ख़ारे-रह[13] को तिरे हम मेहर-गिया[14] कहते हैं

इक शरर[15] दिल में है उससे कोई घबराएगा क्या
आग मतलूब[16] है हम को, जो हवा कहते हैं

देखिए लाती है उस शोख़ की नख़्वत[17] क्या रंग
उसकी हर बात पे हम नामे-ख़ुदा कहते हैं

'वहशतो-शेफ्ता'[18] अब मरसिया[19] कहवें शायद
'मर गया ग़ालिबे-आशुफ़्तानावा[20] कहते हैं।

---

1. अन्याय; 2. मन की व्यथा; 3. मदिरा एवं संगीत; 4. दुख दूर करने वाला; 5. मूर्च्छित होना; 6. असर करने वाला; 7. ज्ञान की सीमा; 8. जिसको सज्दा किया जाए; 9. कावा—जो मुसलमानों के विश्वास में ईश्वर का घर है; 10. पारखी; 11. दिग्दर्शक यन्त्र; 12. घायल पाँव; 13. पथ का कांटा; 14. एक प्रकार की घास; 15. चिंगारी; 16. अभीष्ट; 17. अभिमान; 18. ग़ालिब के समकालीन कवि—गुलाम अली खां 'वहशत' एवं नवाब मुस्तफ़ा खां 'शेफ़्ता'; 19. शोक गीत; 20. मिथ्यावादी ग़ालिब।

लाज़िम[1] था कि देखो मिरा रस्ता कोई दिन और
तन्हा[2] गये क्यूँ अब रहो तन्हा कोई दिन और

मिट जाएगा सर, गर तिरा पत्थर न घिसेगा
हूँ दर पे तिरे नासियाफ़रसा[3] कोई दिन और

आए हो कल और आज ही कहते हो कि 'जाऊँ?'
माना, कि हमेशा नहीं, अच्छा कोई दिन और

जाते हुए कहते हो : 'क़यामत[4] को मिलेंगे'
क्या खूब! क़यामत का है गोया कोई दिन और

हाँ, ऐ फ़लके-पीर[5]! जवां[6] था अभी 'आरिफ़'[7]
क्या तेरा बिगड़ता, जो न मरता कोई दिन और

तुम माहे-शबे-चारदहम[8] थे, मिरे घर के
फिर क्यूँ न रहा घर का वो नक़्शा कोई दिन और

तुम कौन से थे ऐसे खरे दादो-सितद[9] के?
करता मलकुल-मौत[10] तक़ाज़ा कोई दिन और

मुझसे तुम्हें नफ़रत सही 'नय्यर' से लड़ाई
बच्चों का भी देखा न तमाशा कोई दिन और

गुज़री न बहरहाल यह मुद्दत खुशो-नाखुश
करना था, जवां-मर्ग! गुज़ारा कोई दिन और

नादां हो जो कहते हो कि क्यूँ जीते हो 'ग़ालिब'
क़िस्मत में है मरने की तमन्ना कोई दिन और

---

1. आवश्यक; 2. अकेले; 3. माथा रगड़ने वाला; 4. प्रलय; 5. बूढ़े आकाश; 6. युवा; 7. ग़ालिब का भांजा जिसको ग़ालिब ने गोद लिया था। युवावस्था में ही उनका निधन हो गया। यह ग़ज़ल उनकी मृत्यु पर कही गयी; 8. चौदहवीं रात के चाँद; 9. लेन-देन; 10. मौत का फ़रिश्ता यमराज।

धोता हूँ जब मैं पीने को, उस सीमतन[1] के पाँव
रखता है ज़िद से, खींच के बाहर लगन के पाँव

दी सादगी से जान, पड़ूँ कोहकन[2] के पाँव
हैहात[3]! क्यूँ न टूट गए, पीरज़न[4] के पाँव

भागे थे हम बहुत, सो उसी की सज़ा है ये
हो कर असीर[5], दाबते हैं राहज़न[6] के पाँव

मरहम की जुस्तजू[7] में फिरा हूँ जो दूर-दूर
तन से सिवा[8] फ़िगार[9] हैं इस ख़स्तातन[10] के पाँव

अल्ला रे ज़ौके-दश्त-नवर्दी[11]! कि बा'दे-मर्ग[12]
हिलते हैं ख़ुदबख़ुद मिरे, अन्दर कफ़न के पाँव

है जोशे-गुल-बहार[13] में यां तक कि, हर तरफ़
उड़ते हुए, उलझते हैं मुर्ग़े-चमन[14] के पाँव

शब[15] को किसी के ख़्वाब में आया न हो कहीं
दुखते हैं आज उस बुते-नाज़ुक-बदन[16] के पाँव

'ग़ालिब'! मिरे कलाम[17] में क्यूँ कर मज़ा न हो
पीता हूँ धो के ख़ुसरवे-शीरीं-सुख़न[18] के पाँव

1. रजतन वाली; 2. पहाड़ खोदने वाला-फ़रहाद; 3. अफ़सोस; 4. बूढ़ी औरत, बताया जाता है कि एक वृद्धा ने शीरीं की मृत्यु की झूठी ख़बर फ़रहाद को सुनाई जिसे सुनकर उसने कुदाली से सर फोड़कर आत्महत्या कर ली। 5. कैदी; 6. लुटेरा; 7. खोज; 8. बढ़कर; 9. घायल; 10. कमज़ोर शरीर; 11. जंगल में घूमने की रुचि; 12. मरने के बाद; 13. फूलों की अधिकता वाले बसंत; 14. उद्यान के पक्षी; 15. रात्रि; 16. कोमल अंगों वाली; 17. कविता; 18. बहादुरशाह 'जफ़र' की ओर संकेत जो स्वयं कवि थे।

रहिये अब ऐसी जगह चलकर, जहाँ कोई न हो
हमसुखन[1] कोई न हो और हम-जबां[2] कोई न हो

बेदरो-दीवार सा इक घर बनाया चाहिए
कोई हमसाया[3] न हो और पासबां[4] कोई न हो

पड़िए गर बीमार, तो कोई न हो तीमारदार[5]
और अगर मर जाइए, तो नोहाख़्वां[6] कोई न हो

❑❑

1. बात करने वाला; 2. अपनी भाषा बोलने वाला; 3. पड़ोसी; 4. संरक्षक; 5. रोगी की देखभाल करने वाला; 6. शोक में रोने वाला।